Michael Muschong (Hrsg.)

Best-of Praxisprobleme

Band 1: Messen, Prüfen und Schutzmaßnahmen

Hüthig · München/Heidelberg

Für eine bessere Lesbarkeit wird in der Regel auf eine genderspezifische Schreibweise sowie eine Mehrfachbezeichnung verzichtet. Gegebenenfalls wird ausschließlich die männliche Form verwendet. Alle personenbezogenen Bezeichnungen sind geschlechtsneutral zu verstehen.

Bibliografische Information der Deutschen Nationalbibliothek
Die Deutsche Nationalbibliothek verzeichnet diese Publikation in der Deutschen Nationalbibliografie; detaillierte bibliografische Daten sind im Internet über https://portal.dnb.de/ abrufbar.

Die Zusammenstellung dieses Band folgt einer Auswertung der auf elektro.net am häufigsten aufgerufenen Praxisprobleme der Rubrik "Messen, Prüfen und Schutzmaßnahmen" im Zeitraum 06.2024-02.2025.

Möchten Sie Ihre Meinung zu diesem Buch abgeben?
Dann schicken Sie eine E-Mail an das Lektorat im Hüthig Verlag:
buchservice@huethig.de
Autoren und Verlag freuen sich über Ihre Rückmeldung.

ISBN 978-3-8101-0669-8

Printed in Germany
Layout, Satz, Zeichnungen: Schwesinger, galeo:design
Titelbild: marcus_hofmann – stock.adobe.com
Druck: Westermann Druck Zwickau GmbH

Vorwort

Die Rubrik „Praxisprobleme“ in der Fachzeitschrift „de – das elektrohandwerk“ – wurde 1979 eingeführt. Sie startete mit einem Umfang von zwei Seiten, auf denen Fachanfragen von Leserinnen und Lesern beantwortet wurden. Im Laufe der Jahre wurde das Format kontinuierlich ausgebaut und umfasst heute acht Seiten pro Ausgabe.

Für diese Ausgabe haben wir die auf elektro.net am stärksten nachgefragten Praxisprobleme ausgewertet. Heraus kam eine Mischung aus bewährten Klassikern und aktuellen Themen, die neue technische oder normative Entwicklungen aufgreifen. Gestatten Sie mir in diesem Zusammenhang folgenden redaktionellen Hinweis: Die Antworten wurden für diese Zusammenstellung lediglich formal überarbeitet, inhaltlich jedoch nicht erneut aktualisiert.

Die vorliegenden Praxisfragen thematisieren schwerpunktmäßig wiederkehrende Fragen aus dem Elektrohandwerk zur normkonformen Planung, Installation, Prüfung und Erweiterung elektrischer Anlagen. Im Zentrum stehen Mess- und Prüfvorgaben (z. B. für RCDs, Schutzleiter, Spannungsfall), Auswahl- und Auslegungskriterien (z. B. Leitungsschutzschalter, Fehlerstromschutz oder Netzformen) sowie praxisrelevante Umsetzungen von Schutzmaßnahmen der aktuell gültigen DIN-VDE-Bestimmungen. Weitere häufige Themen sind der richtige Umgang mit speziellen Normen, Erdungs- und Potentialausgleichsfragen, Anforderungen bei E-Mobilität, PV-Anlagen oder Geräten mit Frequenzumrichtern. Viele Beiträge behandeln konkrete Auslegungs- und Interpretationsprobleme im Zusammenspiel von Theorie, Normvorgabe und realer Praxis auf der Baustelle oder im Bestand. Zudem wird die Rolle der Elektrofachkraft bei der Prüfung, Dokumentation und rechtssicheren Umsetzung technischer Vorgaben ausführlich beleuchtet. Insgesamt bietet die Praxishilfen eine fachlich fundierte Hilfestellung für Praktiker, die mit der Anwendung elektrotechnischer Normen und Vorschriften im Alltag konfrontiert sind.

An dieser Stelle möchten wir unseren besonderen Dank an alle Autoren aussprechen, die mit ihrer Fachkompetenz und ihrem Engagement maßgeblich zum Gelingen dieser Ausgabe beigetragen haben. Namentlich sind dies *Martin Griesbeck, Günter Grünebast, Hartmut Hardt, Werner Hörmann, Markus Klar, Michael Lochthofen, Dirk Maske, Reinhard Soboll, Hans-Josef Tonnellier* und *Michael Wulf.*

Die Schnelligkeit und Verlässlichkeit, mit der die Praxisproblem-Antworten geliefert werden, ist keineswegs selbstverständlich und verdient große Anerkennung. Auch wenn nicht alle Autoren der Rubrik Praxisprobleme in diesem Band vertreten sind, sei an dieser Stelle betont, dass der kontinuierliche Beitrag aller Praxisproblem-Experten diese Rubrik überhaupt erst möglich macht.

Ebenso danken wir den zahlreichen Leserinnen und Lesern, die uns ihre Fragen einsenden. Auch wenn sie in der Veröffentlichung anonym bleiben, leisten sie durch ihre praktischen Anliegen einen wertvollen Beitrag – denn ihre Fragen helfen vielen anderen weiter.

Michael Muschong (Hrsg.)

Inhaltsverzeichnis

1 Normenangaben von RCD-Auslösezeiten 7
2 Anzahl der LS-Schalter hinter einer RCD 13
3 Stromkreis-Absicherung von E-Herden 17
4 Zulässige Anzahl von LS-Schaltern nach RCD 21
5 Querschnittserhöhung durch Parallelschaltung 31
6 Anwendungskriterien für SELV, PELV oder FELV 37
7 Leitungstyp für Anschluss an Kreuzerder 51
8 Spannungsprüfer gemäß EN 61243-3 57
9 Messung der Niederohmigkeit zwischen PE und N 59
10 Qualifikation eines Prüfers gemäß DIN VDE 0100-600 61
11 Prüfung von Geräten 65
12 Energiebegrenzungsklasse von LS-Schaltern 69
13 Prüfprotokolle plus VdS-Zertifizierung? 73
14 RCD-Typ für Wärmepumpen 75
15 Jährliche Eichung von Messgeräten 81
16 Unterverteiler aus Metall um Stromkreis erweitern 85
17 Hintereinanderschaltung verschiedener RCD-Typen 89
18 Wiederholungsprüfung mit Stichproben? 97
19 Vorsicherung für RCD-Stromkreis 101
20 Abnahmeprüfung für Einfamilienhaus? 107
21 RCD-Anlagenschutz im TT-System 111
22 Geräteprüfung in Elektrofachbetrieb nach DGUV V3? 115
23 RCD-Einsatz im Kontext einer Notstromversorgung 121
24 Steckdosen ohne PE-Anschluss und -Kontakt 129
25 Aluminiumgestell einer Beschattungsanlage 135
Herausgeber und Autoren 139
Stichwortverzeichnis 140

1 Normenangaben von RCD-Auslösezeiten

? Praxisfrage von *S. T.* (Bayern) | 25.02.2016

In DIN EN 61008-1 sind verschiedene Abschaltzeiten für RCD abhängig vom Bemessungsdifferenzstrom festgelegt, z. B. 0,3 s bei $I_{\Delta N}$. Nach DIN VDE 0100-410 muss die Auslösezeit eines RCD bei unter 0,4 s liegen (TN-System, 230 V).

- Woher kommen die unterschiedlichen Werte, d.h. warum werden einmal 0,3 s und einmal 0,2 s bzw. 0,4 s (je nach Netzform) angegeben?
- Welche Werte sind nun für die Prüfung eines RCD relevant?

Nach meinem Verständnis muss die Auslösezeit im TN-System bei 230 V unter 0,4 s liegen. Die Werte von 0,3 s aus DIN EN 61008-1 wären damit nur für den RCD-Hersteller relevant und hätten für die die Prüfung der Schutzmaßnahmen keine Bedeutung. Ist das so korrekt?

! Expertenantwort von *Werner Hörmann* | 07.09.2016

Ihr Hinweis, dass in Tabelle 1 von DIN EN 61008-1 (VDE 0664-10):2015-11 (**Tabelle 1.1**), *abhängig vom Bemessungsdifferenzstrom,* unterschiedliche Abschaltzeiten vorgegeben sind, stimmt nicht ganz. Vermutlich meinen Sie aber, dass sich unterschiedliche Abschaltzeiten in Abhängigkeit vom (möglichen) *Fehlerstrom* als Vielfaches vom Bemessungsdifferenzstrom ergeben, d.h. je größer der Fehlerstrom ist, desto schneller erfolgt eine Abschaltung durch die Fehlerstrom-Schutzeinrichtung (RCD). Im Übrigen ist der Typ „AC“ für Deutschland nicht zugelassen. In dieser Tabelle wurde von mir in der letzten Zeile ein „S“ für Typ S eingefügt, da diese Zeile nur für den Typ S zutrifft.

Man geht in der DIN VDE 0100-410 immer von impedanzlosen Fehlern aus. Deswegen können Sie berücksichtigen, dass auch immer ein Fehlerstrom zum Fließen kommt, der wesentlich größer ist als der Bemessungsdifferenzstrom (trifft sowohl für das TN-

Typ	I_n in A	$I_{\Delta n}$ in A	t in s bei $I_{\Delta n}$	t in s bei $2I_{\Delta n}$	t in s bei $5I_{\Delta n}$	t in s bei $5I_{\Delta n}$ oder 0,25 A[a]	t in s bei 5 A bis 0,25 200 A[b]	t in s bei 500 A	
Allgemein	alle	> 0,03	0,3	0,15		0,04	0,04	0,04	maximale Abschaltzeit
		0,03	0,3	0,15		0,04	0,04	0,04	
		> 0,03	0,3	0,15	0,04		0,04	0,04	
S	≥25	> 0,03	0,5	0,20	0,15		0,15	0,25	
S		> 0,03	0,13	0,06	0,05		0,04	0,04	minimal Nichtauslösezeit

a Der Wert für diese Prüfung ist vom Hersteller anzugeben.
b Die Prüfungen werden nur bei der Überprüfung des ordnungsgemäßen Betriebs nach Punkt 9.9.2.4 durchgeführt.

Tabelle 1.1 Grenzwerte der Abschaltzeit und Nichtauslösezeit gemäß Tabelle 1 der Norm DIN EN 61008-1 (VDE 0664-10):2015-11 – gilt für RCCBs des Typs AC und A bei effektiven Wechselfehlerströmen

als auch das TT-System zu). Die längeren Abschaltzeiten des Typs „S“ gegenüber der allgemeinen Ausführung sind verständlich, schließlich ist es Sinn und Zweck dieses Typs, verzögert auszulösen.

Aufgrund dessen, dass in der Praxis immer ein relativ großer Fehlerstrom zum Fließen kommt, hat man sich darauf geeinigt, dass für den Schutz durch automatische Abschaltung der Stromversorgung der 5-fache Bemessungsdifferenzstrom für die Betrachtung der Abschaltzeiten zugrunde gelegt wird (z. B. wäre bei einem Bemessungsdifferenzstrom von 30 mA ein Fehlerstrom von 150 mA relevant).

Somit ergeben sich für RCDs Abschaltzeiten, mit denen – z. B. bei einer Spannung von 230 V gegen Erde – die in Tabelle 41.1 von DIN VDE 0100-410:2007-06 geforderten Abschaltzeiten für den Fehlerschutz auf jeden Fall erfüllt werden können (**Tabelle 1.2**). Aufgrund der Vereinbarung „der 5-fache Fehlerstrom kommt zum Fließen“ ergibt sich, dass auch bei Spannungen größer 230 V gegen Erde die Abschaltzeiten erfüllt bleiben. Das gilt sowohl für das TN- als auch für das TT-System.

Nur bei den S-Typen und Spannungen größer 230 V gegen Erde könnte es in TT-Systemen zu Problemen kommen, da nach Tabelle 1.2 als maximale Abschaltzeit nur 70 ms bzw. 40 ms zugelassen werden. In der Praxis dürften aber solche Spannungen mit

System	$50\,V < U_0 \leq 120\,V$		$120\,V < U_0 \leq 230\,V$		$230\,V < U_0 \leq 400\,V$		$U_0 > 400\,V$	
	AC	DC	AC	DC	AC	DC	AC	DC
TN	0,8 s	s. Anm. 1	0,4 s	5 s	0,2 s	0,4 s	0,1 s	0,1 s
TT	0,3 s	s. Anm. 1	0,2 s	0,4 s	0,07 s	0,2 s	0,04 s	0,1 s
Wenn in TT-Systemen die Abschaltung durch eine Überstrom-Schutzeinrichtung erreicht wird und alle fremden leitfähigen Teile in der Anlage an den Schutzpotentialausgleich über die Haupterdungsschiene angeschlossen sind, darf die für TN-Systeme anwendbare Abschaltzeit verwendet werden.								
U_0 ist die Nennspannung oder Nenngleichspannung gegen Erde.								
Anmerkung 1: Eine Abschaltung kann aus anderen Gründen als dem Schutz gegen elektrischen Schlag verlangt sein.								

Tabelle 1.2 Entspricht Tabelle 41.1 aus DIN VDE 0100-410

TT-Systemen kaum vorkommen. Darüber hinaus kann ja der Fehlerschutz durch unverzögerte RCDs erfüllt werden.

Unterschiede zwischen AC und DC

Bei Gleichspannung dürfen längere Abschaltzeiten zugelassen werden, da Gleichspannung im allgemeinen als weniger gefährlich betrachtet wird. Hierzu habe ich Ihnen die entsprechende Tabelle und das Bild bezogen auf den Gleichstrombereich aus DIN IEC/TS 60479-1 (VDE V 0140-479-1):2007-05 angefügt (**Tabelle 1.3** und **Bild 1.1**). Des Weiteren ist es verständlich, dass bei höheren Spannungen bei gleicher Gesamtkörperimpedanz Z_T auch ein größerer Strom durch den menschlichen Körper zum Fließen kommen wird, der dann auch entsprechend schneller abgeschaltet werden muss, was sich in der bereits erwähnten Tabelle 41.1 (Tabelle 1.2) aus DIN VDE 0100-410:2007-06 widerspiegelt. Zusätzlich möchte ich Ihnen hierzu noch **Bild 1.2** (entsprechend Bild 5 der Norm) mit auf den Weg geben, da in der VDE-Auswahl für das Elektrotechniker-Handwerk die DIN IEC/TS 60479-1 (VDE V 0140-479-1):2007-05 nicht enthalten ist und ggf. diese Anhänge Ihnen nicht bekannt sein dürften.

Für die Erstprüfungen ist im Abschnitt 61.3.6.1 a) 2) von DIN VDE 0100-600:2008-06 festgelegt, dass die Wirksamkeit der Schutzmaßnahme als nachgewiesen gilt, wenn die Abschaltung spätestens beim Bemessungsdifferenzstrom $I_{\Delta N}$ erfolgt. Bei neuen RCDs müssen Sie aber nicht zusätzlich die Abschaltzeit ermitteln. Allerdings gibt es die Empfehlung, dass die Einhaltung,

Bereiche	Bereichsgrenzen	physiologische Wirkungen
DC-1	bis zu 2 mA – Grenzlinie a	Leicht stechende Empfindung beim Ein- oder Ausschalten oder bei schneller Änderung der Stromstärke.
DC-2	über 2 mA – Grenzlinie b	Unwillkürliche Muskelkontraktionen wahrscheinlich, besonders beim Ein- und Ausschalten oder schneller Änderung des Stroms, aber üblicherweise keine schädlichen physiologischen Wirkungen.
DC-3	Grenzlinie b bis Grenzlinie c_1	Starke unwillkürliche Muskelkontraktionen und reversible Störungen der Reizbildung und Reizleitung im Herzen können zunehmend mit der Stromstärke und Durchströmungsdauer auftreten. Im Allgemeinen ist kein organischer Schaden zu erwarten.
DC-4[1]	über der Grenzlinie c_1	Es können pathophysiologische Wirkungen auftreten wie Herz- und Atemstillstand, Verbrennungen oder andere Zellschäden. Die Wahrscheinlichkeit von Herzkammerflimmern ansteigend mit der Stromstärke und Durchströmungsdauer.
	von c_1 bis c_2	DC-4.1 Wahrscheinlichkeit von Herzkammerflimmern ansteigend bis etwa 5 %
	von c_2 bis c_3	DC-4.2 Wahrscheinlichkeit von Herzkammerflimmern ansteigend bis etwa 50 %
	über der Grenzlinie c_3	DC-4.3 Wahrscheinlichkeit von Herzkammerflimmern über 50 %
Bei Durchströmungsdauern unter 200 ms tritt ein Herzkammerflimmern nur auf, wenn die entsprechenden Schwellenwerte in der vulnerablen Periode überschritten werden. Hinsichtlich des Herzkammerflimmerns bezieht sich Bild 22 (hier: **Bild 1.1**) auf die Wirkungen des Stromes beim Stromweg von der linken Hand zu den Füßen. Bei anderen Stromwegen muss der Herzstromfaktor berücksichtigt werden.		

Tabelle 1.3 Zeit-/Strom-Bereiche für Gleichstrom aus der Norm (Vornorm) DIN IEC/TS 60479-1 (VDE V 0140-479-1):2007-05

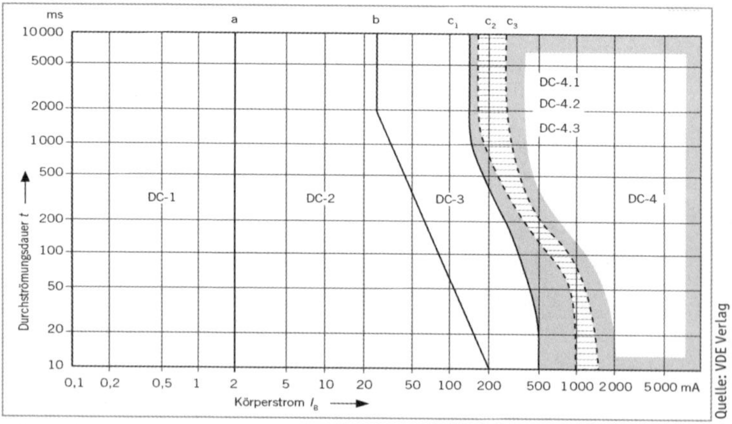

Bild 1.1 Zeit-/Strom-Bereiche für Gleichstrom aus DIN IEC/TS 60479-1 (VDE V 0140-479-1): 2007-05

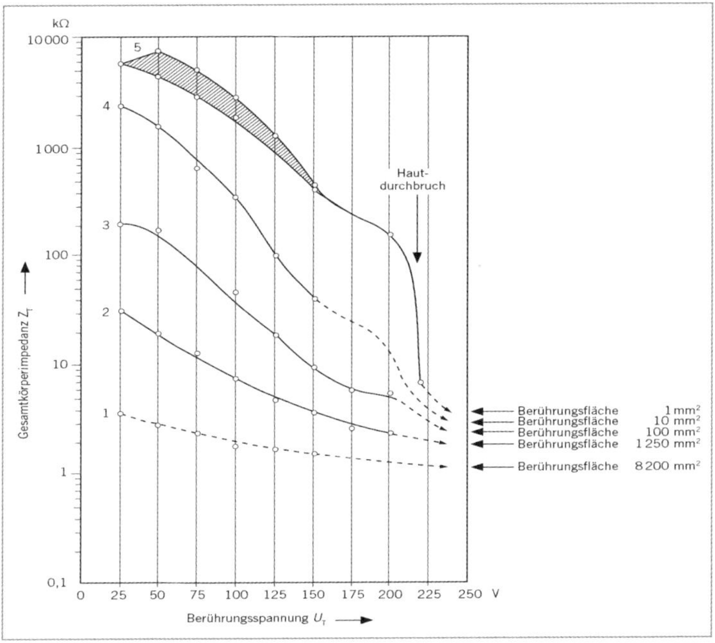

Quelle: VDE-Verlag

Bild 1.2 Abhängigkeit der Gesamt-Körperimpedanz Z_T eines Menschen von der Berührungsfläche in mm² und der Berührungsspannung mit f = 50 Hz (Hautdurchbruch bei 220 V)

der nach DIN VDE 0100-410 geforderten Abschaltzeiten, überprüft wird. In einigen Fällen, z. B. bei einer Wiederverwendung in einer anderen elektrischen Anlage, wird die Überprüfung der Abschaltzeit gefordert. Da es hierzu in DIN VDE 0100-600:2008-06 keine detaillierten Vorgaben gibt, können Sie auf DIN VDE 0105-100 zugreifen. Dort ist in der Anmerkung 2 von Abschnitt 5.3.3.101.0.2 folgendes festgelegt: *„Die Prüfung der Abschaltzeiten für den Schutz durch automatische Abschaltung im Fehlerfall in Stromkreisen mit Fehlerstrom-Schutzeinrichtungen (RCD) sollte entsprechend DIN VDE 0100-410 (VDE 0100-410) mit einem Prüfstrom von 5 · $I_{\Delta N}$ erfolgen."*

Fazit

Die Überprüfung der Abschaltzeiten aus der Tabelle 41.1 aus DIN VDE 0100-410:2007-06 für den Fehlerschutz (bei Verwendung von RCDs) darf mit 5 · $I_{\Delta N}$ erfolgen.

Quellen:
DIN EN 61008-1 (VDE 0664-10), DIN VDE 0100-410,
DIN VDE 0100-600, DIN IEC/TS 60479-1 (VDE V 0140-479-1)

Lust auf Austausch zu diesem Thema? Über diesen QR-Code kommen Sie direkt in den elektro.net-Kommentarbereich dieses Praxisproblems. Dort finden Sie zusätzliche Informationen und können sich mit anderen austauschen.

2 Anzahl der LS-Schalter hinter einer RCD

? **Praxisfrage von *R. B.* (Bayern) | 16.12.2024**

Ich habe ein Verständnisproblem mit einer Normenaussage. Es heißt hier sinngemäß, dass man max. sechs LS-Schalter nach einer RCD installieren darf. Aus meiner Sicht ergeben sich bei sechs LS-Schaltern mit 16 A schon 96 A, damit wäre aus meiner Sicht die RCD schon überlastet.

a) In der Vergangenheit habe ich bei kleinen Wohnungen mindestens zwei RCD und bei größeren drei RCD installiert und versucht, jedes Zimmer und größere Verbraucher einzeln abzusichern. Da kommen dann schon mal mehrere Automaten zum Einsatz. Was wäre nun, wenn an einer RCD mehr als sechs LS-Schalter hängen?

b) Zurzeit installiere ich ein Haus mit acht Wohnungen inklusive Tiefgarage (TG). Der Auftraggeber möchte für die TG die Möglichkeit von E-Mobilität vorsehen. Liege ich richtig, für diesen Zweck von jedem Wohnungsverteiler eine Leitung mit 5 x 4 mm^2 und ein Netzwerkkabel zur Zähleranlage zu verlegen?

! **Expertenantwort von *Dirk Maske* | 21.02.2025**

a) DIN 18015-1 ist eine Planungsnorm

Wenn ich den Teil a) Ihrer Anfrage richtig verstehe, handelt es sich bei der Ausführung um die Installation einer elektrischen Anlage nach DIN 18015-1 für elektrische Anlagen in Wohngebäuden. Denn nur in dieser Norm wird für eine 4-polige Fehlerstromschutzeinrichtung die Anforderung aufgestellt, max. sechs Leitungsschutzschalter hinter einer 4-poligen-RCD aufzuschalten. Im Absatz 5.2.5 der DIN 18015-1 ist sinngemäß folgendes beschrieben:

- Bei der Verwendung von 2-poligen RCDs; maximale Anzahl von 1-phasigen Endstromkreisen = 2.

- Bei der Verwendung von 4-poligen RCDs; maximale Anzahl von 1-phasigen Endstromkreisen = 6.

Diese Regelungen aus der Norm sind nicht mit einer maximalen Belastung von Fehlstromschutzeinrichtungen (RCD) begründet, sondern mit der Vermeidung von unnötigem Abschalten fehlerfreier Stromkreise (Verfügbarkeit der Anlage), symmetrischer Belastung der Anlage und der klaren Definition einer Anzahl von RCDs in einer Wohnung (18 Stromkreise = 3 RCDs). Weiter wird eine empfohlene Platzreserve von 20 % in den Verteilungen damit vorgeschlagen.

Die Strombelastbarkeit der RCD erfolgt nicht durch die Addition der maximalen Bemessungsströme der Leitungsschutzschalter, wie in Ihrem beschriebenen Fall von 6 · 16 A = 96 A. Die maximale Strombelastbarkeit der Leitungsschutzschalter ist u. a. über die Gleichzeitigkeitsfaktoren und ggf. den angeschlossenen Betriebsmitteln zu bestimmen.

Die DIN 18015-1 ist eine Planungsnorm für elektrische Anlagen in Wohngebäuden. Man kann die Anforderungen anwenden, kann aber auch davon abweichen. Im Fall der Abweichung ist mit dem Auftraggeber vor Beginn der Arbeiten eine sogenannte Abweichungserklärung zu formulieren.

Damit können dann vereinbarte Punkte aus der Norm ausgeschlossen werden, wichtig dabei ist, beide Parteien müssen über die Vor- oder Nachteile des Ausschlusses informiert sein und die Folgen müssen aufgezeigt werden.

b) Leiterquerschnitt und Netzwerkkabel für die Ladeinfrastruktur in der TG

Der Leitungsquerschnitt der Zuleitung berechnet sich aus den Bemessungsdaten des jeweiligen Ladepunktes. Hieraus errechnet man den Leitungsquerschnitt für jede einzelne Wallbox, je nachdem, ob eine 11-kW- oder 20-kW-Wallbox zum Einsatz kommt, ist der Zuleitungsquerschnitt zu berechnen. Hierzu dienen die Anforderungen aus der VDE 0298-4 von Oktober 2023 als Grundlage. Gegebenfalls ist mit dem Energieversorger die Größe des Hausanschlusses abzustimmen und evtl. über Lastmanagementsysteme nachzudenken. Richtig ist auf jeden Fall, neben der Zuleitung für die 400 V ebenfalls eine Datenleitung zu verlegen.

Ist die Installation für die Ladepunkte zunächst nur geplant und es gibt noch keine konkreten Angaben über die Bemessungsdaten der Ladepunkte, dann beschreibt ebenfalls die DIN 18015-1 im Abschnitt 5.3.2 hierzu Anforderungen. Hiernach ist eine Zuleitung zu verlegen, die 32 A führen könnte und eine Netzwerkleitung. Alternativ können auch für beide Leitungen Elektroinstallationsrohre ausgeführt werden.

Quelle:
DIN 18015-1

Lust auf Austausch zu diesem Thema? Über diesen QR-Code kommen Sie direkt in den elektro.net-Kommentarbereich dieses Praxisproblems. Dort finden Sie zusätzliche Informationen und können sich mit anderen austauschen.

3 Stromkreis-Absicherung von E-Herden

? **Praxisfrage von *D. F.* (Rheinland-Pfalz) | 17.03.2023**

Wir sind auf eine Änderung in der 18015-1 vom Mai 2020 aufmerksam geworden, die den E-Herd-Anschluss betrifft – genauer den Bemessungsstrom der Schutzeinrichtung. Nach VDE 0175-2 wird der Bemessungsstrom als Kenngröße definiert, welcher bereits alle Faktoren berücksichtigt hat und somit nicht der Nennstrom ist. Was bei der Komponentenwahl z.B. von Hager dann einen Leitungsschutzschalter von mindestens 32 A ergibt. Die meisten E-Herde dürfen nur mit maximal 16 A/20 A abgesichert werden. Dies würde dann zur Folge haben, dass unter der Küchenzeile eine zweite Absicherung mit eigenständiger Verteilung platziert werden müsste.
Nachstehend eine Begründung zu einer 32-A-Absicherung des E-Herdes: Die fünfreihige Unterverteilung hat eine gewisse Menge an Wärmeabfuhr, ohne eine aktive Kühlung der Sicherungsautomaten vorsehen zu müssen. Erster Faktor Betriebstemperatur 40 °C: Um innerhalb der passiven Wärmeabfuhr zu bleiben, erstellen wir eine Verlustleistungsberechnung. Hierbei wird eine Umgebungstemperatur für die Sommermonate von maximal 30 °C angenommen und die maximale Innenraum-/Betriebstemperatur der Verteilung von 40 °C. Die max. Betriebstemperatur von 40 °C wird durch die Hager-Komponente RCD vorgegeben.
Zweiter Faktor Leitungsschutzschalterhäufung: Nach der DIN 18015-1:2020-05 sind maximal sechs Endstromkreise bei einer RCD zulässig. Der Leitungsschutzschalter des E-Herdes wird über eine RCD betrieben. Fakt ist, dass bis zum Vermieten der Wohnung in der Planung kein Fabrikat des E-Herdes festgelegt werden kann. Somit muss planerisch ein E-Herd mit Steckdose im Kochfeld berücksichtigt werden, welcher die Absicherung mit RCD notwendig macht. Somit muss eine Leitungsschutzschalterhäufung von sechs Leitungsschutzschalter berücksichtigt werden. Hiermit haben wir einen Faktor von 0,85 gemäß der technischen Daten von Hager. Zusammenfassung: Im Ergebnis würden diese

Überlegungen zu einer Absicherung des LS Typs MBN bei 40 °C und einem Faktor von 0,85 zu einen Betriebsstrom bei einem B-16-A-Automaten von nur zulässigen 12,75 A führen. Bei einem 20-A-Automaten wären in diesem Fall 15,7 A zulässig, bei einem 25-A-Automaten 20 A, bei einem 32-A-Automaten 25,5 A.
Somit müsste nach der aktuellen DIN 18015-1:2020-05 der E-Herd mit einem 32-A-LS-Automaten (Hager) abgesichert werden, um die nach Norm geforderten 20 A Bemessungsstrom gewährleisten zu können. Aufgrund der am Anfang erwähnten technischen Daten von E-Herden, wonach diese nur mit 16 A/20 A abgesichert werden dürfen, wäre es notwendig, eine zweite Absicherung unter der Küchenzeile zu planen. Davon einmal abgesehen, dass die Zuleitung von Unterverteilung zur Küchenzeile entsprechend der Kurzschlussauslöser des Schutzorgans ausgelegt werden müsste, welches dann einem Querschnitt von 5 x 6 mm^2 oder bei großen Leitungslängen sogar 5 x 10 mm^2 entspräche. Dies wäre weder wirtschaftlich sinnvoll, noch seitens E-Herd-Hersteller so angegeben oder gar gefordert.
Wie sehen Sie das? Wir können uns nicht vorstellen, dass die Norm bzw. das Gremium dies so beabsichtigt hat.

! **Expertenantwort von *Dirk Maske* | 21.02.2025**

Die DIN 18015-1:2020-05 ist eine Planungsnorm, die für elektrische Anlagen in Wohngebäuden ihre Gültigkeit besitzt. Zu diesen Wohngebäuden zählen nach Norm Ein- oder Mehrfamilienhäuser, Reihenhäuser und beispielsweise Doppelhäuser.
Im Abschnitt 5.2.5 dieser Norm ist für den Anschluss eines Elektroherdes eine Leitung mit drei Außenleitern (3L, N, PE) gefordert, mit einer zulässigen Strombelastbarkeit von 20 A. Die Schutzeinrichtung für diese Leitung ist ebenfalls mit einem Bemessungsstrom von 20 A auszuwählen.
Da die DIN 18015-1, wie schon erwähnt, eine Planungsnorm ist und man oftmals während der Bauphase nicht alle Gegebenheiten für die elektrische Anlage kennt, ist durch diese Anforderung

folgendes formuliert: Die E-Herdzuleitung ist mindestens mit einem Leitungsquerschnitt von 5 x 2,5 mm^2 zu installieren. Die Absicherung wird hierbei mit einem Bemessungsstrom von 20 A vorgenommen. Damit erfüllt die Zuleitung und die entsprechende Absicherung die Forderung der Norm.

Sechs Stromkreise hinter vierpoliger RCD

Ist schon während der Bauphase bekannt, dass nach Planung und Ausführung der Küche ein E-Herd mit einem Bemessungsstrom von 16 A eingebaut wird, spricht natürlich nichts dagegen, auch eine Absicherung von 16 A zu wählen. In dem Fall dieser Anfragen ist das sogar erforderlich, da der Hersteller des Herdes mit dem Wert des Bemessungsstromes von 16 A die Größe der Absicherung vorgibt. Die Zuleitung mit einem Querschnitt von 5 x 2,5 mm^2 bleibt dabei bestehen und kann mit 16 A abgesichert werden.

Weiter beschreibt die Norm im Abschnitt 5.2.5, dass bei einer vierpoligen RCD maximal sechs Stromkreise angeschlossen werden dürfen. Diese Forderung ist auf die Verfügbarkeit der Anlage, auf eine genaue Definition für die Anzahl der RCDs und auf eine symmetrische Belastung der Anlage zurückzuführen.

Führt man einen Herdanschluss über eine RCD, wären nur noch drei weitere Endstromkreise für diesen einen RCD anzuschließen. Die Forderung, einen Herd über eine RCD zu sichern, besteht zunächst nicht explizit. Dies wäre erst dann der Fall, wenn eine Steckdose in dem Herd integriert ist. Eine derartige Ausführung ist jedoch heutzutage nicht mehr weit verbreitet. Anders verhält es sich, sobald der Backofen zum Kochfeld autark ausgeführt ist. In diesem Fall wird der Backofen über eine 230-V-Steckdose angeschlossen – und vor dieser wäre dann eine RCD anzuordnen.

Fazit

Aufgrund der Anforderung der DIN 18015-1 von Mai 2020 ist die für den Anschluss eines Herdes geforderte Leitung mit drei Außenleitern, Neutral- und Schutzleiter als fünfadrige Leitung des Querschnitts 2,5 mm^2 auszulegen. Damit kann diese einen

Bemessungsstrom von 20 A führen. Die Absicherung richtet sich nach den Bemessungsangaben der Hersteller. Sind diese nicht bekannt, wählt man hier ebenfalls eine Absicherung von 20 A.

Quelle:
DIN 18015-1

Lust auf Austausch zu diesem Thema? Über diesen QR-Code kommen Sie direkt in den elektro.net-Kommentarbereich dieses Praxisproblems. Dort finden Sie zusätzliche Informationen und können sich mit anderen austauschen.

4 Zulässige Anzahl von LS-Schaltern nach RCD

? **Praxisfrage von *M. N.* (Baden-Württemberg) | 29.09.2020**

Wieviel Automaten dürfen hinter einem vierpoligen FI-Schutzschalter 40 A/0,03 A „angehängt“ werden? Die vorgefertigten drei Phasenschienen erlauben ja bis zu acht Stück. Nun kam die Auskunft einer großen Verteilerbaufirma, dass man maximal fünf Stück „anhängen“ darf. Was ist richtig?

! **Expertenantwort von *Günter Grünebast* | 18.11.2020**

Zunächst einige grundlegende technische Aspekte bezüglich Kurzschlussschutz und thermischer Überlastung von Fehlerstrom-Schutzschaltern. Weiter unten werden normative Vorgaben bezüglich der Zuordnung von Endstromkreisen und damit verbundenen Anzahl von Überstrom-Schutzeinrichtungen näher dargestellt.

Kurzschlussschutz und Schutz gegen thermische Überlastung

Fehlerstrom-Schutzschalter ohne eingebauten Überstromschutz (RCCBs nach DIN EN 61008-1) müssen bezüglich Kurzschluss und thermischer Überlastung geschützt werden. Dazu sind die Anforderungen einschlägiger Errichtungsbestimmungen (aus der Reihe VDE 0100) sowie die Hinweise des Herstellers in Form von Aufschriften und weiteren Produktinformationen (Bedienungsanleitung, Katalog usw.) zu beachten.

Ein wichtiger Parameter des Fehlerstrom-Schutzschalters ist sein Bemessungsstrom I_n. Dieser kann ununterbrochen geführt werden. Wird er hingegen dauerhaft überschritten, kann eine gefährliche Überhitzung auftreten. Der Fehlerstrom-Schutzschalter ist mit dem Wert seines Bemessungsstroms I_n beschriftet.

Eine wichtige Angabe des Herstellers ist der Wert der Kurzschluss-Schutzeinrichtung (SCPD). In der Regel sind Fehlerstrom-Schutzschalter mit diesem Wert beschriftet. Der Wert für eine solche Vorsicherung dient nur zum Schutz des Fehlerstrom-

Schutzschalters bei Kurzschluss und nicht zum Schutz bei thermischer Überlastung.

Zudem ist eine weitere wichtige Angabe des Herstellers zu beachten. Es ist der Wert für eine Überstrom-Schutzeinrichtung (OCPD) gegen thermische Überlastung. Fehlerstrom-Schutzschalter sind in der Regel nicht mit diesem Wert beschriftet. Stattdessen müssen dazu Angaben (Wert und Art der Überstrom-Schutzeinrichtung) im Herstellerkatalog oder in der Bedienungsanleitung vorhanden sein. Der Wert dieser Sicherung entspricht bei Fehlerstrom-Schutzschaltern mit kleinen bis mittleren Bemessungsströmen oft auch dem Wert seines Bemessungsstromes I_n und ist meist niedriger als der Wert der vorzusehenden Kurschluss-Vorsicherung. An dieser Stelle sei auch auf die Abschnitte 8.3 und 8.4 des Beiblattes DIN EN 61008-1 Beiblatt 1 (Anwendungshinweise zum Einsatz von RCCB nach DIN EN 61008-1) verwiesen.

Gleichzeitigkeits-, Nutzungs- und Bemessungsbelastungsfaktor

Nach DIN VDE 0100-100 (Errichten von Niederspannungsanlagen) Abschnitt 311 dürfen für eine wirtschaftliche und zuverlässige Planung der elektrischen Anlage Gleichzeitigkeitsfaktoren berücksichtigt werden. Es wird davon ausgegangen, dass nicht alle angeschlossenen Betriebsmittel gleichzeitig mit maximaler Leistung betrieben werden. Gleichzeitigkeitsfaktoren sind wesentlich von der Betriebsweise (Nutzungsbedingungen) einer elektrischen Anlage abhängig. Weitere Informationen zu den Begriffen „Gleichzeitigkeitsfaktor", „Nutzungsfaktor" und „Bemessungsbelastungsfaktor" sind u. a. in VDE 0100-100 Abschnitte 133.2.4 und 311, DIN VDE 0100-510 Abschnitt 512.1.4 sowie DIN VDE 0660-600-1 Abschnitt 5.4 und Anhang E aufgeführt.

Prinzipiell spricht somit nichts dagegen, aufgrund von ermittelten Faktoren dem Fehlerstrom-Schutzschalter mehrere Stromkreise nachzuschalten und jeden Stromkreis mit einer geeigneten Überstrom-Schutzeinrichtungen wie z. B. Leitungsschutzschalter (MCBs) zu schützen. Wenn jedoch aufgrund von möglichen bzw. unvorhersehbaren Nutzungsänderungen nicht ausgeschlossen

werden kann, dass der Bemessungsstrom I_n des Fehlerstrom-Schutzschalters unzulässig überschritten wird, dann muss der Fehlerstrom-Schutzschalter mit der vom Hersteller angegebenen Vorsicherung gegen thermische Überlastung zusätzlich geschützt werden. Diese Vorsicherung übernimmt in der Regel auch gleichzeitig die Funktion der geforderten Kurzschluss-Vorsicherung.
Bei der Planung ist zu beachten, dass der thermische Auslösestrom von Leitungsschutzschaltern im ungünstigsten Fall maximal das 1,45-fache seines Bemessungsstromes sein kann und dass dieser Strom maximal 1 h fließen darf, bis eine Abschaltung erfolgt (siehe auch DIN VDE 0100-430 Abschnitt 433.1). Eine Schmelzsicherung der Betriebsklasse gG kann im ungünstigsten Fall sogar das 1,6-fache ihres Bemessungsstromes für maximal eine Stunde führen, bevor sie anspricht.

Erläuterung am Beispiel

Einem zweipoligen Fehlerstrom-Schutzschalter mit einem Bemessungsstrom I_n von 40 A sind zwei Endstromkreise, die jeweils mit einem Leitungsschutzschalter B16 geschützt sind, nachgeschaltet. Bei Leitungsschutzschaltern mit B-Charakteristik beträgt der thermische Auslösestrom I_2 maximal das 1,45-fache seines Bemessungsstromes. Daraus folgt, dass für maximal 1 h ein Gesamtstrom von $2 \cdot 16\ A \cdot 1{,}45 = 46{,}4\ A$ fließen kann. Nun ist die Herstellerangabe bezüglich einer geeigneten Überstrom-Schutzeinrichtung (OCPD) zu beachten. Gibt der Hersteller hierzu beispielsweise bei Verwendung einer Schmelzsicherung der Betriebsklasse gG einen Wert von 40 A an, so besteht in diesem Fall keine Gefahr der thermischen Überlastung des Fehlerstrom-Schutzschalters. Bei dieser Schmelzsicherung beträgt der maximale thermische Auslösestrom I_2 das 1,6-fache des Bemessungsstromes. Hier ist also vom Hersteller berücksichtigt, dass die Schmelzsicherung im ungünstigsten Fall für maximal 1 h einen Wert von 40 A x 1,6 = 64 A führen kann. Somit darf für die maximale Dauer von 1 h ein Strom von 64 A durch den Fehlerstrom-Schutzschalter fließen. Eine weitere vorgeschaltete Überstrom-Schutzeinrichtung ist nicht erforderlich, denn in diesem Fall übernehmen die beiden nachgeschalteten Leitungsschutzschalter B16 auch den thermischen Schutz für den Fehlerstrom-Schutzschalter.

Wenn im obigen Fall jedoch fünf Stromkreise nachgeschaltet sind, die jeweils mit einem Leitungsschutzschalter B16 geschützt sind, könnte es problematisch werden – muss aber nicht. Es wäre denkbar, dass alle Stromkreise gleichzeitig einen Strom von 16 A (hier ohne Überlastung) führen. Der Gesamtstrom wäre dann 80 A. Zur Realisierung des Schutzes gegen thermische Überlastung des Fehlerstrom-Schutzschalters gibt es nun nachfolgende Möglichkeiten.

Wenn ausgeschlossen werden kann, dass alle fünf nachgeschalteten Stromkreise gleichzeitig einen Strom von 16 A führen und zulässige Gleichzeitigkeitsfaktoren berücksichtigt werden, so kann wiederum eine thermische Überlastung des Fehlerstrom-Schutzschalters ausgeschlossen werden. Eine vorgeschaltete Überstrom-Schutzeinrichtung wäre nicht erforderlich.

Ist jedoch nicht sichergestellt, dass bei einer solchen Dimensionierung in Verbindung mit unerwarteten Nutzungsänderungen ein thermischer Schutz des Fehlerstrom-Schutzschalters gegeben ist bzw. wenn Gleichzeitigkeitsfaktoren nicht berücksichtigt werden können, muss eine zusätzliche vom Hersteller empfohlene Überstrom-Schutzeinrichtung vorgeschaltet werden (z. B. eine NH-Sicherung). Alternativ ist auch die Verwendung eines Fehlerstrom-Schutzschalters mit einem größeren Bemessungsstrom bei gleicher Baugröße möglich.

Beispielsweise unkritisch wären im obigen Fall hingegen vier nachgeschaltete Stromkreise, die jeweils mit einem Leitungsschutzschalter B10 geschützt sind. Im ungünstigsten Fall mit Überlast würde bis zur Abschaltung für 1 h ein Strom von 4 · 10 A · 1,45 = 58 A fließen. Moderne elektrische Betriebsmittel (z. B. LED-Leuchten) weisen hohe Wirkungsgrade und somit niedrigere Lastströme auf, so dass nicht jeder Endstromkreis immer mit einem Leitungsschutzschalter B16 geschützt werden muss.

Elektrische Anlagen in Wohngebäuden nach DIN 18015-1

Die aktuelle Ausgabe von Mai 2020 der DIN 18015-1 (Elektrische Anlagen in Wohngebäuden – Planungsgrundlagen) findet Anwendung bei der Planung von elektrischen Anlagen in Wohngebäuden wie z. B. Ein- und Mehrfamilienhäuser, jedoch nicht zwangsläufig im gewerblichen und industriellen Bereich. Im Abschnitt 5.2 (Hausinstallationen) ist u. a. die Koordination (Aufteilung, Zuordnung) von Endstromkreisen aufgeführt. Im Abschnitt 5.2.3 wird erläutert, dass die Stromkreise den erforderlichen Schutzeinrichtungen (Leitungsschutzschalter, Fehlerstrom-Schutzschalter) so zugeordnet werden, dass aufgrund der Verfügbarkeit und des Komforts nur ein Teil der elektrischen Anlage im Fehlerfall abgeschaltet wird. Das macht Sinn, denn Hausinstallationen aus den 50er- oder 60er-Jahren ohne Fehlerstrom-Schutzschalter mit nur einer 16-A-Schmelzsicherung für alle Stromkreise (ausgenommen E-Herd) des Hauses sollten der Vergangenheit angehören.

Im Abschnitt 5.2.5 (Wohnungsanlagen) ist nun festgelegt worden, dass aus Gründen der Verfügbarkeit und Überlastung jedem Außenleiterpol eines Fehlerstrom-Schutzschalters, jedoch unabhängig von seinem Bemessungsstrom, maximal zwei Endstromkreise zugeordnet werden. Für einen zweipoligen Fehlerstrom-Schutzschalter sind das somit zwei Endstromkreise und für einen vierpoligen Fehlerstrom-Schutzschalter sind das insgesamt sechs Endstromkreise. Üblicherweise weist eine Reihe in einem Installationsverteiler zwölf Teilungseinheiten auf. Verwendet man nun einen vierpoligen Fehlerstrom-Schutzschalter mit sechs Leitungsschutzschaltern, dann bleiben zwei Teilungseinheiten unbesetzt. Allerdings wird im Abschnitt 5.2.5 auch aufgeführt, dass Reserveplätze für zukünftige Änderungen vorzusehen sind. Es werden hier 20 % empfohlen – bezogen auf zwölf Teilungseinheiten einer Reihe sind das 2,4 Teilungseinheiten. Empfehlungen in Normen halte ich grundsätzlich für ungeeignet. Müssen beispielsweise aus schutztechnischen Gründen bestimmte Maßnahmen vorgesehen werden, dann muss dieses auch konkretisiert als Anforderung in einer Norm aufgeführt werden. Empfehlungen sind Schwachstellen und führen zur Verwirrung oder Verunsicherung beim Anwender einer Norm.

Zur „Begründung“ der Limitierung von nur zwei zugeordneten Endstromkreisen pro Außenleiterpol eines Fehlerstrom-Schutzschalters sind in zahlreichen Internet-Foren und auch auf den Seiten einiger Hersteller interessante Erklärungsversuche zu finden. So wird gerne eine Aufsummierung von Ableitströmen aufgrund mehrerer Endstromkreise genannt, die zu einer erhöhten Vorbelastung sowie Auslösung eines Fehlerstrom-Schutzschalters und somit zu einer Reduzierung der Anlagenverfügbarkeit führen können. Elektronische Betriebsmittel können (dürfen) im fehlerfreien Betrieb Ableitströme im Schutzleiter generieren. Nach DIN VDE 0701-0702 (Prüfung nach Instandsetzung, Änderung elektrischer Geräte) ist in Tabelle 2 für elektrische Geräte allgemein ein Grenzwert von 3,5 mA genannt.

Es stellt sich nun die Frage des Unterschiedes, wenn unter Berücksichtigung des Schutzes gegen thermische Überlastung beispielsweise einem zweipoligen Fehlerstrom-Schutzschalter vier Endstromkreise zugeordnet sind, wobei an jedem Endstromkreis nur ein elektronisches Betriebsmittel angeschlossen ist, welches einen Ableitstrom von 3,5 mA generiert, oder wenn nur ein Endstromkreis zugeordnet ist, an welchem vier elektronische Betriebsmittel angeschlossen sind, die jeweils einen Ableitstrom von 3,5 mA generieren. Tatsächlich gibt es hier keinen Unterschied bezüglich der Summe des Ableitstromes von 14 mA. Auch wenn nur ein Endstromkreis zugeordnet wird, besteht die Möglichkeit eines erhöhten Gesamtableitstromes und somit einer erhöhten Vorbelastung, wenn mehrere elektronische Betriebsmittel an nur einem Endstromkreis angeschlossen sind. Allerdings müssen diese Betriebsmittel mit Schutzleiteranschluss ausgeführt sein. Im normalen Haushalt ist die Anzahl solcher Geräte sehr überschaubar und ob diese Geräte dann auch noch jeweils den Grenzwert für Ableitströme von 3,5 mA ausnutzen, sei mal dahingestellt.

Bei Verwendung eines vierpoligen Fehlerstrom-Schutzschalters – wie in Ihrem Fall – kann sich die Situation bezüglich der Summe der Ableitströme sogar „entspannen“. Nehmen wir an, es sind acht Endstromkreise zugeordnet (an zwei Außenleiter drei Endstromkreise und an einem Außenleiter zwei Endstromkreise). An jedem Endstromkreis ist jeweils ein elektronisches Betriebsmittel angeschlossen, welches einen Ableitstrom von 3,5 mA generiert. Nun gibt es Rechnungen, in denen fälschlicherweise die Ableitströme einfach aufaddiert wurden und in Summe stehen dann 28 mA. Ein Fehlerstrom-Schutzschalter mit einem Bemessungsfehlerstrom $I_{\Delta n}$ von 30 mA würde bei einem Fehlerstrom von 28 mA höchstwahrscheinlich auslösen. Zur Info: Fehlerstrom-Schutzschalter können kapazitive Ableitströme und ohmsche Fehlerströme nicht separieren. Sie werden gemeinsam vom Summenstromwandler erfasst und bewertet. Im Drehstromsystem müssen die Ströme jedoch vektoriell addiert werden. Als Gesamtableitstrom und somit auch als zu bewertender Summenstrom des Fehlerstrom-Schutzschalters bleiben im obigen Fall tatsächlich nur 3,5 mA übrig. Von einer Reduzierung der Anlagenverfügbarkeit aufgrund hoher Ableitströme kann keine Rede sein.

Sinnvolle und zweckmäßige Zuordnung von Endstromkreisen

Die zuvor genannten Betrachtungen sind zwar beispielhaft und eher theoretisch. Sie sollen aber veranschaulichen, dass eine pauschale Limitierung zugeordneter Endstromkreise nicht immer sinnvoll ist. Wie bereits weiter oben erwähnt, findet die DIN 18015-1 nur Anwendung bei der Planung von elektrischen Anlagen in Wohngebäuden. Dennoch muss auch im gewerblichen oder industriellen Bereich nach DIN VDE 0100-100 Abschnitt 314.1 eine Aufteilung bzw. Zuordnung von Stromkreisen so erfolgen, dass sich die Folgen eines Fehlers nur gering auf die gesamte elektrische Anlage auswirken. Beispielsweise sollte ein Fehler nicht zum Ausfall der gesamten Beleuchtung führen.

Fazit

Bei der Planung einer elektrischen Anlage dürfen Gleichzeitigkeitsfaktoren berücksichtigt werden. Einem Fehlerstrom-Schutzschalter (RCCB) können somit mehrere einzeln geschützte Endstromkreise nachgeschaltet werden, auch wenn bei einer Aufsummierung der Werte aller nachgeschalteten Überstrom-Schutzeinrichtungen der Wert des Bemessungsstromes I_n des Fehlerstrom-Schutzschalters überschritten wird.

Es muss jedoch immer sichergestellt sein, dass eine thermische Überlastung eines Fehlerstrom-Schutzschalters ausgeschlossen ist. Der tatsächlich fließende Gesamtstrom darf den Wert seines Bemessungsstroms I_n nicht dauerhaft überschreiten. Kann diese Bedingung beispielsweise aufgrund von Nutzungsänderungen nicht sichergestellt werden, muss zusätzlich zur vorgeschalteten Kurzschluss-Schutzeinrichtung (SCPD) eine vom Hersteller empfohlene Vorsicherung gegen thermische Überlastung (OCPD) vorgesehen werden. Diese verhindert eine Überhitzung des Fehlerstrom-Schutzschalters und kann meist auch die Aufgabe der Kurzschluss-Schutzeinrichtung mit übernehmen. Alternativ kann ein Fehlerstrom-Schutzschalter mit einem größeren Bemessungsstrom bei gleicher Baugröße verwendet werden.

Die in der DIN 18015-1 für Wohnungen aufgeführte Limitierung von maximal zwei Endstromkreisen pro Außenleiterpol eines Fehlerstrom-Schutzschalters ist weder logisch noch praxisgerecht. Unter Beachtung der weiter oben genannten technischen Aspekte sehe ich keinen sicherheitstechnischen Grund, weshalb eine Reihe eines Installationsverteilers nicht mit einem vierpoligen Fehlerstrom-Schutzschalter und acht zugeordneten Leitungsschutzschaltern in bekannter Weise vollständig bestückt werden soll. Ob die vorgesehene Limitierung hier auf sechs Endstromkreise einen nennenswerten Vorteil in Bezug auf Anlagenverfügbarkeit, Komfort oder thermischer Überlastung bietet, ist kritisch zu hinterfragen. Dennoch haben Komfort und Anlagenverfügbarkeit in der heutigen Zeit einen hohen Stellenwert und müssen bei der Anlagenplanung in sinnvoller und zweckmäßiger Weise berücksichtigt werden. Es ist zu beachten, dass die DIN 18015-1 evtl. ein Vertragsbestandteil sein kann. Normen sind zudem allgemeingültig. Begründbare Abweichungen sollten daher vereinbart werden.

Quellen:
DIN EN 61008-1, DIN VDE 0100-100, DIN VDE 0660-600-1, DIN VDE 0100-430, DIN 18015-1, DIN VDE 0701-0702

Lust auf Austausch zu diesem Thema? Über diesen QR-Code kommen Sie direkt in den elektro.net-Kommentarbereich dieses Praxisproblems. Dort finden Sie zusätzliche Informationen und können sich mit anderen austauschen.

5 Querschnittserhöhung durch Parallelschaltung

? **Praxisfrage von *M. P.* (Bayern) | 18.06.2024**

Ich wurde von einer Kommune beauftragt, einen örtlichen Skilift auf elektrische Sicherheit zu überprüfen. Bei der stichprobenartigen Sichtprüfung fielen mir einige Fehler auf. Bei genauerer Betrachtung fand ich heraus, dass von der Bergstation zur Talstation zwei Kabel NYY-J 5 x 6 auf 350 m Länge verlegt wurden. Eines als Direktverbindung von der Berg- zur Talstation. Das zweite Kabel wurde über die Flutlichtmasten „geschliffen“ und auf diese Weise die auf den Masten befindlichen einphasigen Flutlichtstrahler versorgt. Bei genauerer Betrachtung, d. h. Berechnung und Messung, kam ich zum Ergebnis, dass hier ein Spannungsfall von ca. 11 % bei einer Absicherung mit 16 A vorherrschen würde.
Tatsächlich wurde die Leitung jedoch sogar mit 25 A abgesichert. Die Leitungen verzweigen sich danach noch weiter und am schlechtesten Punkt werden sage und schreibe 25 % Spannungsfall erreicht. Dies ist jedoch nicht Bestandteil meiner eigentlichen Frage. Die Frage ist nun: Ist es normativ erlaubt, die beiden Leitungen 1:1 parallel zu schalten? Somit würde sich ein Querschnitt von 12 mm^2 ergeben und man könnte zumindest eine Absicherung dieser Leitung mit 10 A erreichen. Dies würde für die Talstation ausreichen. Dafür würde die zweite Leitung für die Flutlichtmasten mittels Erdmuffen direkt verbunden, so dass keine Abnehmer mehr auf dem Zwischenstück der Anlage vorhanden sind. Leider kann ich keine Norm für eine Querschnittserhöhung finden.

! **Expertenantwort von *Werner Hörmann* | 23.07.2024**

Ich werde – so wie es auch Ihr Wunsch ist – hauptsächlich nur auf das Thema Parallelschaltung eingehen. Im Detail fehlen leider genauerer Angaben. Des Weiteren werde ich noch kurz auf den Spannungsfall eingehen.

Festlegungen in DIN VDE 0100-430:2010-10

Grundsätzlich ist es möglich, Kabel bzw. Leitungen parallel zu schalten, z. B. zum Zwecke der Querschnittserhöhung. Das setzt voraus, dass die Abschnitte 433.4 und 434.4 von DIN VDE 010-430:2010-10 berücksichtigt werden. Im informativen Anhang A dieser Norm gibt es auch noch entsprechende Erläuterungen zu diesem Thema.

Fakt ist aber, dass aufgrund der „Schleifung" des zweiten Kabels über die Flutlichtmasten nicht mehr von der geforderten gleichmäßigen Stromaufteilung gesprochen werden kann. Somit kann nicht die Summe der Strombelastbarkeit der einzelnen Leiter addiert werden. Eine gleichmäßige Stromaufteilung wird sich, aus meiner Sicht, auch durch die Umstellung auf „Muffen" nicht ergeben.

Jedes Kabel einzeln absichern

Aus meiner Sicht besteht daher nur die Möglichkeit, die beiden Kabel einzeln mit Überstrom-Schutzeinrichtungen zu versehen. Siehe hierzu auch Bild A.1 von DIN VDE 0100-430:2010-10 (**Bild 5.1**). Wegen des Schutzes bei Kurzschluss kann an beiden Seiten/Leitungsenden eine Schutzeinrichtung notwendig sein, die ggf. aber „gekoppelt" sein müssen. Siehe hierzu auch die Bilder A.3, A.4 und A.5 von DIN VDE 0100-430:2010-10 (**Bilder 5.2** bis **5.4**).

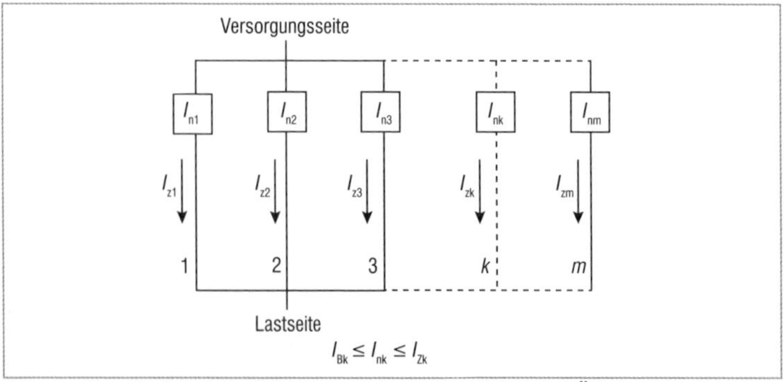

Bild 5.1 Stromkreis mit einer Schutzeinrichtung zum Schutz bei Überlast in jedem der parallel geschalteten Leiter (Bild A.1 aus DIN VDE 0100-430:2010-10)

Außerdem sollte der Bemessungsstrom der Schutzeinrichtungen so weit als möglich reduziert werden, um auch den Fehlerschutz für die betreffenden Stromkreise zu erfüllen. Damit kann der Summenstrom, unter Beachtung von Anhang A von DIN VDE 0100-430:2010-10 entsprechend erhöht werden. Bei dieser „Parallelschaltung" muss, wie auch in A.2 von Anhang A der DIN VDE 0100-430:2010-10 angeführt, die Häufung für zwei Kabel berücksichtigt werden (**Bild 5.5**). Außerdem muss auch der Abschnitt 537.1.2 von DIN VDE 0100-530:2018-06 berücksichtigt werden.

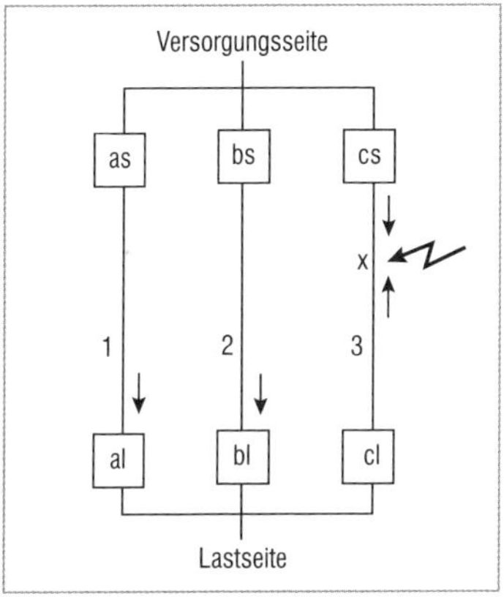

Bild 5.2 Stromfluss bei Fehlerbeginn (Bild A.3 aus DIN VDE 0100-430: 2010-10)

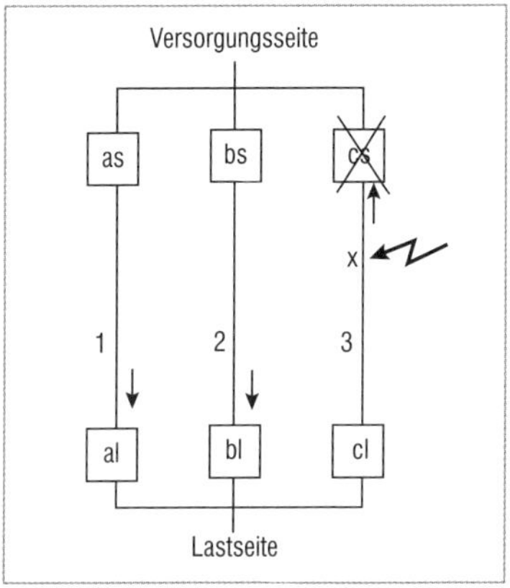

Bild 5.3 Stromfluss nach dem Ansprechen der Schutzeinrichtung cs (Bild A.4 aus DIN VDE 0100-430:2010-10)

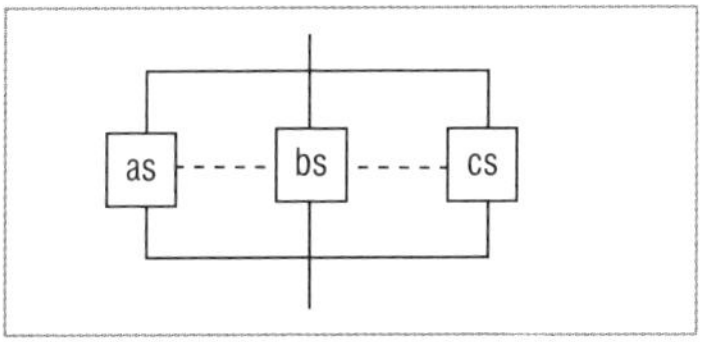

Bild 5.4 Darstellung gekoppelter Schutzeinrichtungen (Bild A.5 aus DIN VDE 0100- 430:2010-10)

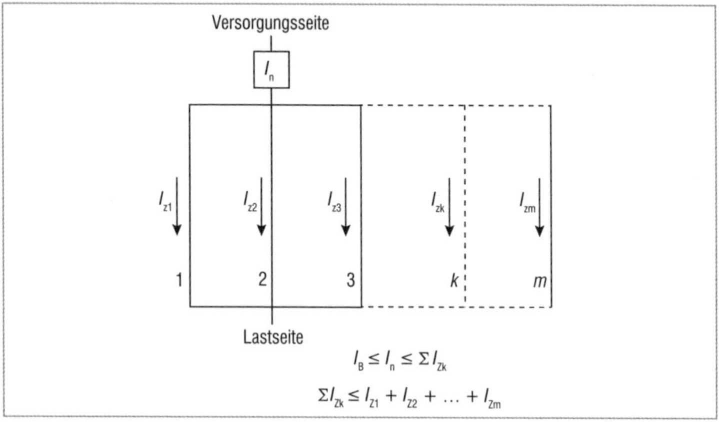

Bild 5.5 Stromkreis mit einer einzigen Schutzeinrichtung zum Schutz bei Überlast für die parallel geschalteten Leiter (Bild A.2 aus DIN VDE 0100-430:2010-10)

Zum Spannungsfall

Bleibt noch der Hinweis auf den sehr hohen Spannungsfall. Hier sei angemerkt, dass sowohl in den der gültigen DIN VDE 0100-520:2023-06 als auch in den Vorgängerausgaben kein verpflichtender Wert für den Spannungsfall in Verbraucheranlagen enthalten ist bzw. enthalten war. Der grau hinterlegte Abschnitt 525 von DIN VDE 0100-520:2023-06 enthält folgenden Hinweis:

„Wenn keine anderen Festlegungen existieren, sollte der Spannungsfall ab Hausanschlusskasten (HAK) bis zum Anschlusspunkt eines elektrischen Verbrauchsmittels (Steckdose oder Klemme für Festanschluss) nicht größer als 4 % der Nennspannung des Netzes sein."

In der zurückgezogenen DIN VDE 0100-520:2013-06 war die hier dargestellte **Tabelle 5.1** enthalten, wobei auch hierbei die Formulierung „sollte" vorgegeben war. In der noch früher zurückgezogenen Ausgabe von DIN VDE 0100-520:2003-06 war unter „sollte" 4 % angeführt, was auch für die Ausgabe von 1985 galt. Was zum Zeitpunkt der Errichtung der elektrischen Anlage zutreffend war, kann ich – wegen fehlender Angaben – für Ihren Fall in meiner Antwort nicht anführen.

Anlage	Beleuchtung in %	andere elektrische Verbrauchsmittel in %
A – NS-Anlage, unmittelbar versorgt von einem öffentlichen Energieversorgungsnetz	3	5
B – NS-Anlage, versorgt von einem privaten Energieversorgungsnetz[a]	6	8

a Es wird empfohlen, dass der Spannungsfall in Endstromkreisen möglichst die unter Anlagentyp A genannten Werte nicht überschreitet.

Wenn die Hauptleitungsanlagen der Anlagen länger als 100 m sind, darf der Spannungsfall des über 100 m hinausgehenden Anteils der Kabel- und Leitungsanlage um 0,005 % pro Meter erhöht werden, sofern er ohne diese Ergänzung größer als 0,5 % ist.

Der Spannungsfall wird durch den Verbrauch der elektrischen Verbrauchsmittel bestimmt, gegebenenfalls unter Anwendung von Gleichzeitigkeitsfaktoren, oder von den Betriebsströmen der Stromkreise.

Tabelle 5.1 Frühere normative Festlegung des Spannungsfalls

Fazit

Fakt ist aber, dass der zu erwartende Spannungsfall so niedrig sein muss, dass die angeschlossenen Betriebsmittel noch bestimmungsgemäß funktionieren. Insbesondere für Motoren kann das von Bedeutung sein. Verwunderlich ist für mich aber, dass die elektrische Anlage bisher scheinbar ohne Probleme funktioniert hat. Es könnte daran liegen, dass der Betriebsstrom der angeschlossenen Verbrauchsmittel so klein ist, dass sich der tatsächliche Spannungsfall nicht negativ ausgewirkt hat. Die etwas größeren Sicherungen könnten ggf. aus Gründen von Anlaufströmen notwendig gewesen sein. Dies wäre zulässig – sofern die Abschaltbedingung (siehe oben) erfüllt wird. Hierbei muss aber dann an der Verbraucherseite ein entsprechend zugeordneter Schutz bei Überlast vorgesehen werden.

Quellen:
DIN VDE 0100-430, DIN VDE 0100-520, DIN VDE 0100-530

Lust auf Austausch zu diesem Thema? Über diesen QR-Code kommen Sie direkt in den elektro.net-Kommentarbereich dieses Praxisproblems. Dort finden Sie zusätzliche Informationen und können sich mit anderen austauschen.

6 Anwendungskriterien für SELV, PELV oder FELV

? **Praxisfrage von *M. P.* (Nordrhein-Westfalen) | 22.09.2022**

Mir liegen im Rahmen meiner Tätigkeit immer kleine, einzelne Anlagen vor, die mit Netzteilen eine Schutzkleinspannung erzeugen – ganz typisch 24 V, aber auch mal 48 V oder 95 V DC. Ich habe in der Ausbildung gelernt, dass ich z. B. im Rahmen der VDE 0113 keine SELV-Spannung für den Steuerstromkreis verwenden darf. Hier tritt das Risiko auf, dass bei einem doppelten Fehler der Basisisolierung – z. B. beim Ausschalten eines Motors – das Abschalten verhindert wird, weil die Kleinspannung nicht geerdet ist. Damals konnte man mir nicht mehr als diese Begründung nennen. Auch heute finde ich ab und zu einmal Versorgungen vor, die sich in elektrisch leitenden Gehäusen befinden und dennoch in SELV ausgeführt werden.

Ich würde mich freuen, wenn Sie das ganze Thema einmal aus fachlicher Sicht beleuchten. Speziell geht es mir um die Beantwortung einiger Fragen. Gibt es eine Vorgabe oder Empfehlung, wo die PELV-Brücke hin zum PE erfolgen soll? Muss diese separat beschriftet sein und jährlich geprüft werden? Wann setzt man FELV, SELV und PELV überhaupt sinnvoll ein? Müssen alle elektrischen Betriebsmittel – z. B. Verbraucher, Netzwerkswitche usw. – diese Art des Netzes (separat ausgewiesen) unterstützen? Ich denke dabei an Netzwerkkabelschirm und Erdung. Gibt es vielleicht sogar Vorschriften, die SELV zwingend verlangen? In welcher Form müsste die Isolierung dann bei einer SELV-Versorgung geprüft bzw. gemessen werden (EGM)?

Mehr als die Anforderung, dass SELV-Systeme einer Basisisolierung zur Erde aufweisen müssen, habe ich nicht gefunden. Reichen da überhaupt Kabelmantel und -kanal in einem elektrisch geerdeten Schrank?

! **Expertenantwort von *Werner Hörmann* | 02.11.2022**

Sie haben eine ganze Litanei von Fragen angeführt. Ich hoffe, dass ich zumindest einige davon beantworten kann, auch wenn ich an manchen Stellen etwas ausholen muss. Den Begriff „Schutzkleinspannung" gibt es normativ nicht mehr. Dennoch weiß jede Elektrofachkraft, um was es dabei geht: um SELV (safety extra low voltage). Die von Ihnen zitierten Spannungen 24 V, 48 V oder 95 V DC können – entsprechende Stromquellen vorausgesetzt – als SELV bezeichnet werden.
Zwischen Schutzkleinspannung, wie sie in DIN VDE 0100:1973-05 angeführt war, und SELV gibt es kleine Unterschiede, d. h. sie dürfen nicht 1:1 verglichen werden. Zum Beispiel war nach DIN VDE 0100:1973-05 die Spannung bei Schutzkleinspannung auf 42 V begrenzt. Allgemein ist für Spannungen ≤ 50 V AC bzw. ≤ 120 V DC die Bezeichnung „Kleinspannung" (ELV = extra low voltage) vorgesehen.

Die Varianten SELV, PELV und FELV

Zu den Kleinspannungen gehören neben SELV auch PELV und FELV. Alle drei Varianten haben gemeinsam, dass sie bezüglich der Spannungen auf AC 50 V bzw. DC 120 V begrenzt sind. SELV und PELV gelten als eigenständige Schutzmaßnahmen. Die können sowohl den Basisschutz als auch den Fehlerschutz erfüllen. Es gibt jedoch Einschränkungen Bei SELV bzw. PELV (s. u.). Die Variante FELV wird hingegen nicht als eigenständige Schutzmaßnahme betrachtet – siehe weiter unten.

Zur Schutzmaßnahme SELV

SELV ist – wie bereits erwähnt – eine Schutzmaßnahme, die sowohl den Basisschutz als auch den Fehlerschutz beinhaltet. Vorweg möchte ich Ihre Frage beantworten, ob es Bereiche bzw. Orte gibt, wo SELV zwingend angewendet werden muss. Die Antwort lautet „Ja", SELV mit AC 12 V bzw. DC 30 V muss z. B. für bestimmte Betriebs-/Verbrauchsmittel zwingend angewendet werden, die z. B. im Bereich 0 von Räumen mit Badewanne oder

Dusche zulässig sind. Der Bereich 0 stellt das Innere von Badewannen oder Duschwannen dar. Aber auch in anderen Teilen der Gruppe 7 von DIN VDE 0100 kann SELV zwingend vorgeschrieben sein.

Bezüglich des Basisschutzes in SELV-Stromkreisen gilt, dass dieser nur bei normalen Umgebungsbedingungen bei Spannungen bis AC 25 V bzw. bis DC 60 V entbehrlich ist. Darüber hinaus gilt für SELV: Wenn Betriebsmittel in Wasser eingetaucht sind, muss immer ein Basisschutz für SELV-Stromkreise/-Betriebsmittel vorgesehen werden. Ich verweise hierzu auch auf meine weiter unten vorgenommene Differenzierung. Beispielsweise wird auch ein Basisschutz für Betriebsmittel in den Bereichen 1 und 2 von Räumen mit Badewanne oder Dusche gefordert, auch wenn die Betriebsmittel nicht in Wasser eingetaucht sind.

Einordnung leitender Gehäuse

Sie erwähnen in Ihrer Anfrage, dass sie ab und zu einmal Versorgungen in elektrisch leitenden Gehäusen vorfinden, die dennoch in SELV ausgeführt würden. Ganz schlüssig ist mir dieser Hinweis nicht. ich frage mich, was Sie mit „Versorgungen in elektrisch leitenden Gehäusen" wohl meinen könnten. Wenn Sie die Stromquelle oder auch Betriebsmittel der Schutzklasse III meinen, dann wäre dies bei fester Errichtung nicht verboten. Wenn das leitfähige Gehäuse mit Erde bzw. Schutzleiter verbunden ist, dann müssen die SELV-Komponenten Basisisolierung gegen diese geerdeten Teile aufweisen bzw. es muss eine Basisisolierung an den Betriebsmitteln vorgesehen werden. Nur für ortsveränderliche Transformatoren besteht die Forderung, dass diese der Schutzklasse II entsprechen müssen.

Stromquellen für SELV und sichere Trennung

Außer einem Sicherheitstransformator in Übereinstimmung mit DIN EN 61558-2-6 (VDE 0570-2-6) dürfen auch andere Einrichtungen, die den gleichen Grad an Sicherheit bieten, verwendet werden. Dies gilt z. B. auch elektronische Einrichtungen.

Die „sichere Trennung" muss auch im gesamten Stromkreis gegen Stromkreise mit anderen Spannungen als SELV und PELV eingehalten werden. Lesen Sie bitte dazu den Abschnitt 414-4 von DIN VDE 0100-410:2018-10. Zur Erde bzw. geerdeten Teilen muss mindestens Basisisolierung vorgesehen werden. Das fordert sowohl für DIN VDE 0100-410 als auch DIN EN 60204-1 (VDE 0113-1), die diesbezüglich wieder auf DIN VDE 0100-410 verweist. SELV wird in der DIN EN 60204-1 (VDE 0113-1) nicht grundsätzlich ausgeschlossen. Zu den Steuerstromkreisen komme ich noch weiter unten.

Zur Schutzmaßnahme PELV, deren Stromquellen und sichere Trennung

Bei PELV (protective extra low voltage) nach Abschnitt 414.4.5 von DIN VDE 0100-410:2018-10 gilt für den Basisschutzes, dass dieser nur bei normalen Umgebungsbedingungen bei Spannungen bis AC 25 V bzw. bis DC 60 V entbehrlich ist. Voraussetzung dafür ist, dass die Körper und/oder die aktiven Teile durch einen Schutzleiter mit der Haupterdungsschiene verbunden sind. Formal handelt es sich bei dieser Verbindung nicht um einen Schutzleiter – auch wenn solche Verbindungen in der Praxis so ausgeführt werden.

Zu PELV nach Abschnitt 6.4.1 von DIN EN 60204-1 (VDE 0113-1) gilt, dass ein aktives Teil des PELV-Stromkreises mit dem Schutzleiter verbunden sein muss. Weiter Informationen hierzu werde ich weiter unten unter „Erdung des Steuerstromkreises".

Bezüglich der Stromquellen gelten die analogen Vorgaben, wie sie für SELV bereits oben angeführt sind. Für die sichere Trennung gelten die gleichen Bedingungen wie für SELV. Allerdings darf nach Abschnitt 414.4.1 von DIN VDE 0100-410:2018-10 bei PELV ein aktives Teil und oder die Körper der elektrischen Betriebsmittel mit Erde oder Schutzleiter verbunden werden.

Normative Unstimmigkeit

Hier ergibt sich übrigens ein scheinbarer Widerspruch zwischen den Abschnitten 414.4.1 und Abschnitt 414.4.5 von DIN VDE 0100-410:2018-10. In Abs 414.4.1 ist Folgendes festgelegt: *„Die PELV-Stromkreise und/oder Körper der durch die PELV-Stromkrei-*

se versorgten Betriebsmittel dürfen geerdet werden", während und Abschnitt 414.4.5 aussagt: *„Ein Basisschutz ist im Allgemeinen nicht notwendig bei normalen, trockenen Umgebungsbedingungen für (...) PELV-Stromkreise, deren Nennspannung AC 25 V oder DC 60 V nicht überschreitet und deren Körper und/oder aktiven Teile durch einen Schutzleiter mit der Haupterdungsschiene verbunden sind. (...) In allen anderen Fällen ist ein Basisschutz nicht gefordert, wenn die Nennspannung des SELV- oder PELV-Systems AC 12 V oder DC 30 V nicht überschreitet."*

Hierzu kann ich die DIN VDE 0100-410 nur wie folgt interpretieren bzw. zusammenfassen:

Für SELV gilt:

- In Wasser eingetaucht ist ein Basisschutz immer gefordert.
- In feuchter Umgebung, z.B. im Freien, darf auf den Basisschutz bis AC 12 V bzw. DC 30 V verzichtet werden, außer er wird in der Gruppe 7 gefordert.
- In trockener Umgebung ist der Basisschutz bis AC 25 V bzw. bis DC 60 V entbehrlich.
- Bei Spannungen > AC 25 V bzw. > DC 60 V ist immer ein Basisschutz gefordert.

Für PELV gilt:

- Für Betriebsmittel in Wasser eingetaucht ist PELV unzulässig.
- In feuchter Umgebung, z.B. im Freien, darf auf den Basisschutz bis AC 12 V bzw. DC 30 V verzichtet werden, außer er wird in der Gruppe 7 gefordert.
- In trockener Umgebung ist der Basisschutz bis AC 25 V bzw. bis DC 60 V entbehrlich, sofern Körper und/oder aktiven Teile durch einen Schutzleiter mit der Haupterdungsschiene verbunden sind.
- Bei Spannungen > AC 25 V bzw. > DC 60 V ist immer ein Basisschutz gefordert.

Das Ganze ist ein ziemliches Durcheinander, und wird daher in der Praxis sicher wenig beachtet.

Anmerkungen zu FELV

Bei FELV (functional extra low voltage) wird nach Abschnitt 411.7 von DIN VDE 0100-410:2018-10 unterschieden zwischen einem FELV-Stromkreis, der mindestens galvanisch von Stromkreisen höherer Spannung getrennt ist, und einem FELV-Stromkreis, bei dem keine galvanische Trennung gegeben ist – z. B. bei einem Spartransformator.

Bei einem FELV-Stromkreis mit galvanischer Trennung muss der Basisschutz und der Fehlerschutz entsprechend der Primärseite ausgeführt werden. Bei einem FELV-Stromkreis ohne galvanische Trennung wird der Ausgangsstromkreis als eine Erweiterung des Primärstromkreises angesehen. Dieser sollte durch die im Eingangsstromkreis angewendete Schutzmaßnahme geschützt sein. Das „sollte“ müsste korrekterweise als Muss in der Norm stehen.

Sinnvoller Einsatz von SELV, PELV oder FELV

SELV muss immer dann angewendet werden, wenn SELV, z. B. in der Gruppe 7 der DIN VDE 0100, gefordert wird. SELV darf nach Gruppe 7 in manchen Fällen auch als Alternative zu anderen Maßnahmen angewendet werden.

Die Anwendung von PELV ist in den meisten Normen nur als Alternative zu anderen Maßnahmen vorgesehen. Demzufolge muss PELV nicht zwingend angewendet werden. Auch in Steuerstromkreisen ist PELV nicht zwingend vorgegeben, auch nicht in DIN EN 60204-1 (VDE 0113-1) – FELV mit galvanischer Trennung wäre alternativ auch möglich. In der Praxis kommt aber für die Ausrüstung elektrischer Maschinen fast ausschließlich PELV zur Anwendung.

Die Anwendung von FELV mit galvanischer Trennung ist nirgends zwingend vorgegeben. Die Verwendung ist in Hilfsstromkreisen bzw. Steuerstromkreisen – z. B. nach DIN VDE 0100-557 – nicht ausgeschlossen, insbesondere wenn eine von der Netzspannung abweichende Spannung benötigt wird. Die Anwendung von FELV ohne galvanische Trennung ist ebenfalls nirgends zwingend vorgegeben. Sie ist nur bei einfachen Konfigurationen sinnvoll, z. B. wenn man sich den Transformator sparen will. Ich kenne in der Praxis kaum Anwendungsfälle.

Steuerstromkreise nach DIN EN 60204-1 (VDE 0113-1)

PELV ist in Steuerstromkreisen nicht zwingend vorgeschrieben. Es gilt vielmehr, dass PELV nach Abschnitt 6.4 von DIN EN 60204-1 (VDE 0113-1):2019-06 allgemein als Schutzmaßnahme gegen elektrischen Schlag bezeichnet wird. Abschnitt 6.4 von DIN EN 60204-1 (VDE 0113-1):2019-06 legt diesbezüglich Folgendes fest: *„Die Anwendung von PELV (Schutzkleinspannung) dient dem Schutz von Personen gegen elektrischen Schlag beim indirekten Kontakt und direkten Kontakt mit begrenzter Fläche (...)“.*

Im Abschnitt 9.1.1 DIN EN 60204-1 (VDE 0113-1):2019-06 ist lediglich festgelegt, dass für Steuerstromkreise, die von einer Wechselstromquelle gespeist werden, Transformatoren mit getrennten Wicklungen vorgesehen werden müssen. Als Ausnahme werden genannt: *„(...) Transformatoren oder Schaltnetzteile, mit einem Transformator kombiniert, sind nicht für Maschinen mit einem einzigen Motorstarter und/oder maximal 2 Steuergeräte gefordert (z.B. eine Verriegelungseinrichtung, Start/Stopp-Bedienstation).“*

PELV ist also im Abschnitt 9.1.1 DIN EN 60204-1 (VDE 0113-1):2019-06 nicht explizit gefordert. Außerdem gilt, dass nach Abschnitt 9.4.3.1 „Isolationsfehler“, dass ein geerdeter Steuerstromkreis nur eine übliche Alternative zu anderen Maßnahmen darstellt.

Erdung des Steuerstromkreises

Im Abschnitt 9.4.1 von DIN EN 60204-1 (VDE 0113-1):2019-06 ist hierzu Folgendes festgelegt: *„Wenn Fehler oder Störungen in der elektrischen Ausrüstung zu einer gefahrbringenden Situation, Schaden an der Maschine oder am Arbeitsgut führen können, müssen geeignete Maßnahmen getroffen werden, um die Wahrscheinlichkeit des Auftretens solcher Fehler oder Störungen zu verringern. Die erforderlichen Maßnahmen und der Grad bis zu dem sie verwirklicht werden – entweder einzeln oder in Kombination – hängen von der Risikohöhe der jeweiligen Anwendung ab (siehe 4.1). (...) Beispiele solcher Maßnahmen, die geeignet sein können, schließen ein, sind aber nicht begrenzt auf:*

- *Schutzverriegelung des elektrischen Stromkreises;*
- *Verwendung von erprobten Schaltungstechniken und Komponenten (siehe 9.4.2.2);*
- *Vorsehen von teilweiser oder vollständiger Redundanz (siehe 9.4.2.3) oder Diversität (siehe 9.4.2.4);*
- *Vorsehen von Funktionsprüfungen (siehe 9.4.2.5)."*

Die Erdung des Steuerstromkreises ist erst im Abschnitt 9.4.3.1.1 von DIN EN 60204-1 (VDE 0113-1):2019-06 als Alternative enthalten, wo folgende Alternative aufgeführt sind: *„Es müssen Maßnahmen vorgesehen werden, die die Wahrscheinlichkeit verringern, dass Isolationsfehler in einem beliebigen Steuerstromkreis zu Fehlfunktionen wie z.B. unbeabsichtigter Anlauf, mögliche gefährliche Bewegungen oder Verhinderung des Stillsetzens der Maschine führen.*

Verfahren, die diese Anforderungen erfüllen, schließen die folgenden ein, sind aber nicht hierauf begrenzt:

- *Methode a) geerdete Steuerstromkreise, die über einen Transformator versorgt werden;*
- *Methode b) ungeerdete Steuerstromkreise, die über einen Transformator versorgt werden;*
- *Methode c) Steuerstromkreise, die über einen Transformator mit geerdeter Mittelanzapfung versorgt werden;*
- *Methode d) Steuerstromkreise, die nicht über einen Transformator versorgt werden."*

Interpretation der Steuerstromkreiserdung

Die Erdung des Steuerstromkreises allein kann nicht die Lösung dieses Problems darstellen. Solche Fehler müssen durch eine Schutzeinrichtung in sehr kurzer Zeit (abhängig vom möglichen Risiko) abgeschaltet werden. Daher wird es notwendig sein, in „Geberstromkreisen" möglichst Schutzeinrichtungen eines kleinen Bemessungsstroms/Abschaltstroms vorzusehen. Anderenfalls kann es nicht – insbesondere bei der üblichen Steuerspannung von 24 V – zu einer schnellen Abschaltung kommen. Bei Stellgliedern ist das weniger problematisch, da hierbei keine gefahrbringende Bewegung durch einen Körperschluss entstehen kann.

PELV-Brücke zum PE?

Sie fragen auch nach der Vorgabe oder Empfehlung, wo die PELV-Brücke zum PE erfolgen soll und ob diese separat beschriftet und jährlich geprüft werden muss. In sehr frühen Ausgaben der VDE 0113-1 gab es diesbezüglich Vorgaben zur Anordnung der Verbindung. Die derzeit gültige Norm enthält diesbezüglich keinerlei Festlegungen mehr. Solche Verbindungen sollten allenfalls für Messzwecke lösbar sein, daher sollte die Verbindung auch gut zugänglich sein.

Entsprechende Vorgaben gibt es jedoch in der DIN VDE 0100-557:2014-10, wo im Abschnitt 557.3.4.2 Folgendes festgelegt ist: *„Hilfsstromkreise, die über einen Transformator versorgt werden, dürfen auf der Sekundärseite nur an einer Stelle geerdet werden. Die Erdverbindung muss sich in der Nähe des Transformators befinden. Diese Verbindung muss leicht zugänglich und für Isolationsmessungen trennbar sein.“*

Separate Deklaration von Betriebsmitteln?

Sie stellen auch die Frage, ob alle elektrischen Betriebsmittel (Verbraucher, Netzwerkswitche usw.) separat ausgewiesen diese Art des Netzes unterstützen müssen. Hierbei verweisen Sie auf die Stichworte „Netzwerkkabelschirm“ und „Erdung“. Ich kann nicht erkennen, was Sie dazu wissen wollen. Geht es um die Kennzeichnung der Betriebsmittel, die für SELV- bzw. PELV-Stromkreise geeignet sind? Was meinen sie mit „Netzwerkkabelschirm“ und „Erdung“? Meinen Sie wie, wo und wann Kabelschirme, insbesondere Netzwerkkabelschirme, mit Erde/Schutzleiter zu verbinden sind? Um hierzu eine Antwort zu geben, wären näherer Angaben erforderlich.

Weiterhin wollen Sie wissen, in welcher Form bei einer SELV-Versorgung die „Isolierung“ geprüft/gemessen werden. Dabei erwähnen Sie die Abkürzung EGM. Was Sie unter „EGM“ verstehen, ist mir nicht klar. Normativ steht diese Abkürzung für „elektrogeometrisches Modell (EGM)“, was Sie sicher nicht meinen. Bezüglich der Überprüfung der Isolierung gilt, dass Kabel, Leitungen oder Aderleitungen entsprechend ihrer Einsatzbedingungen ausgewählt werden müssen. Eine Spannungsprüfung ist in den Normen der Reihe DIN VDE 0100 nicht gefordert. In DIN EN 60204-1 (VDE 0113-1) ist die Spannungsprüfung eine „Option". Jedoch ist eine Isolationswiderstandsmessung nach DIN VDE 0100-600 bei der Erstprüfung und nach DIN VDE 0105-100 bei der wiederkehrenden Prüfung gefordert.

Nach DIN EN 60204-1 (VDE 0113-1) ist die Isolationswiderstandsmessung eine Option. Weitere Angaben zur Auswahl von Kabel/Leitungen/Aderleitungen und deren gemeinsame Verlegung mit Stromkreisen, die mit anderen Spannungen als mit SELV bzw. PELV versorgt werden, sind in 6.4.1 und in 13.1.3 von DIN EN 60204-1 (VDE 0113-1):2019-06 enthalten. Für DIN VDE 0100-410:2018-10 sind die Anforderungen im Abschnitt 414.4.2 enthalten.

Fazit

Die meisten machen sich hierzu wenig Gedanken, da es sich bei SELV und PELV um scheinbar „ungefährliche" Spannungen handelt. Ich hoffe, dass meine Informationen das Thema ausreichend beschrieben habe. Es sei abschließend noch angemerkt, dass ich versucht habe, bezüglich „Doppelerdschluss" und daraus resultierende gefahrbringende Bewegungen, eine schematische Darstellung in den **Bildern 6.1** bis **6.3** aufzuzeigen.

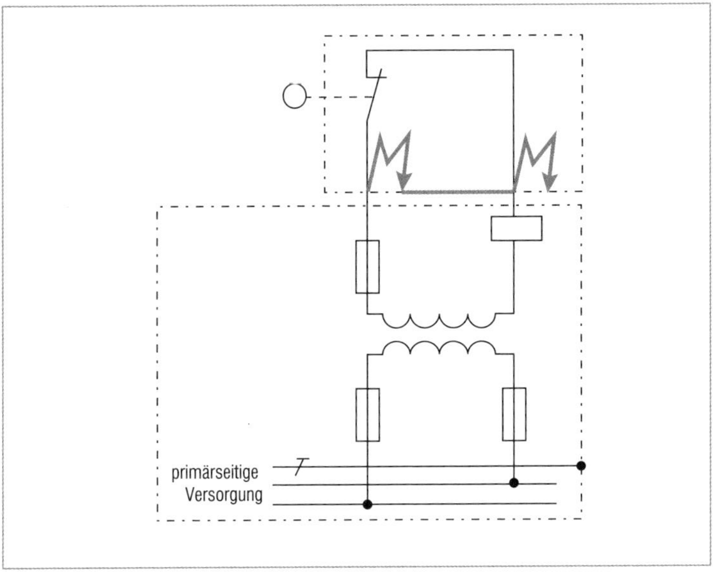

Bild 6.1 Ohne eine Verbindung eines Außenleiters mit dem Schutzleiter/Funktionserdungsleiter und ohne Verbindung des Gehäuses der Schutzklasse I mit einem Schutzleiter/Funktionserdungsleiter würde der erste dargestellte Fehler nicht erkannt werden und ein zweiter Fehler würde zu einer Überbrückung z. B. eines Sicherheitspositionsschalters kommen. Somit könnte eine gefahrbringende Bewegung nicht abgeschaltet werden (vereinfachte Darstellung).

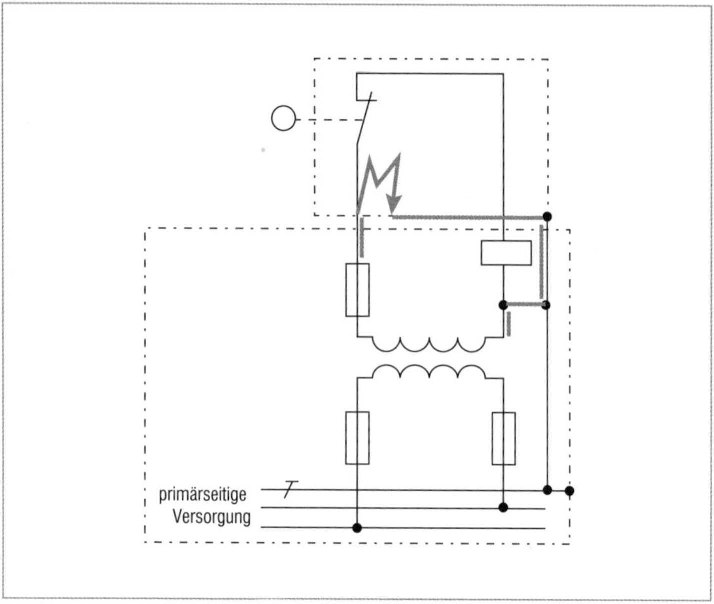

Bild 6.2 Steuerstromkreis geerdet! Durch eine Verbindung eines Außenleiters mit dem Schutzleiter/über einen Funktionserdungsleiter und Verbindung des Gehäuses der Schutzklasse I würde der erste dargestellte Fehler erkannt werden und, bei richtiger Dimensionierung, durch die Schutzeinrichtung abgeschaltet werden können. Somit kann es nicht zu einer Überbrückung z. B. eines Sicherheitspositionsschalters kommen. Selbst wenn gleichzeitig der im Bild 6.1 aufgezeigte Fehler auftreten würde, kann eine gefährliche Situation nicht entstehen.

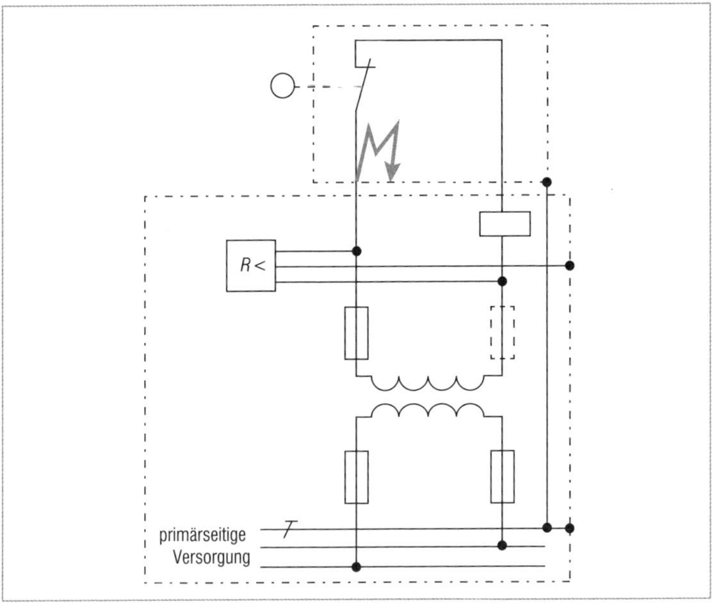

Bild 6.3 Ein Doppelerd- oder Körperschluss kann im ungeerdeten Steuerstromkreis nicht durch eine Überstromschutzeinrichtung abgeschaltet werden, aber eine Isolationsüberwachungseinrichtung (auch bei PELV-Stromkreisen) kann den Fehler erkennen und muss den Fehler sofort abschalten.

Quellen:
DIN EN 60204-1 (VDE 0113-1), DIN VDE 0100-410, DIN VDE 0100-557, DIN VDE 0100-600, DIN VDE 0105-100, DIN EN 61558-2-6 (VDE 0570-2-6)

Lust auf Austausch zu diesem Thema? Über diesen QR-Code kommen Sie direkt in den elektro.net-Kommentarbereich dieses Praxisproblems. Dort finden Sie zusätzliche Informationen und können sich mit anderen austauschen.

7 Leitungstyp für Anschluss an Kreuzerder

? Praxisfrage von *M. R.* (Nordrhein-Westfalen) | 17.05.2013

In Bestandsbauten ohne Fundamenterder ist es z. B. bei Nachrüstung einer SAT-Antennenanlage oder Überspannungsschutzgeräten notwendig, einen Kreuzerder einzuschlagen. Darf die Verbindung des Kreuzerders an die Haupterdungsschiene in 16 mm^2-Cu-Aderleitung H07V-U erfolgen oder ist ein spezielles Erdkabel notwendig? Was würde gegen eine Verwendung dieser Leitung sprechen, da der Kreuzerder normalerweise ja einen guten Kontakt zum Erdreich hat? Warum sollte – da der Kreuzerder blank ist – die Erdungsleitung als spezielles Erdkabel gegen Beschädigung der Isolierung geschützt werden müssen? Salopp formuliert ist die Erdung ja umso besser, je mehr die Isolierung der Erdungsleitung im Erdreich kaputt geht. Das führt dann auch gleich zu einer ähnlichen Frage, nämlich dem Verlegen von Einzeladern auf Rohbauwänden. Es ist ja nicht zulässig, stromführende Aderleitungen ungeschützt auf die unverputzte Wand zu nageln. Eine Erdungsleitung oder Schutzpotentialausgleichsleiter ist jedoch häufig auch als Aderleitung ausgeführt. Muss hier zwingend NYM verwendet werden, oder darf man solche Leitungen auch als Aderleitung ungeschützt auf der Wand anbringen? Im schlimmsten Fall könnte die Isolierung kaputt gehen und damit ein Kontakt zum Mauerwerk entstehen. Jedoch liegen die am Schutzpotentialausgleich angeschlossenen Heizungsrohre beispielsweise auch nicht elektrisch isoliert im Mauerwerk. Meines Wissens darf man metallene Gebäudebauteile unter bestimmten Voraussetzungen (z. B. Querschnitt, dauerhaft mit dem Gebäude verbunden usw.) ja auch als Schutzpotentialausgleichsleitung oder Erdungsleitung verwenden. Mir sind aber keine Hallen bekannt, bei denen z. B. die Metallstreben elektrisch isoliert ausgeführt sind. Kann ein Kunde fordern, dass man hier NYM-Leitung einstemmen muss, anstatt Aderleitungen auf die Wand zu nageln? Unter welcher VDE-Bestimmung kann ich hierzu eine eindeutige Aussage finden?

! **Expertenantwort von *Hans-Josef Tonnellier* | 17.05.2013**

Mindestquerschnitte für Erder und Schutzpotentialausgleichsleitungen

Wie in der Anfrage aufgeführt, verfügt das Gebäude weder über einen Fundamenterder nach DIN 18014 noch über eine äußere Blitzschutzanlage (Auffangeinrichtung, Ableitung und Erdungsanlage). Daher benötigt die über das Dach ragende SAT-Antennenanlage die Verbindung mit einer Erdungsanlage. Die zuständige VDE 0855-1 vom Juni 2011 (DIN EN 60728-11) zeigt praxisnahe Skizzen und Hinweise für diese Erdungsmaßnahme. In ihrem Fall muss der Mast der SAT-Antennenanlage mit einem Erdungsleiter ≥ 16 mm² Kupfer verbunden werden. Die Mastschelle sollte dabei nicht als Bandschelle ausgeführt sein. Klemmen und Drähte müssen vielmehr nach der Blitzschutznorm DIN VDE 0185-305 für Blitzströme ausgelegt sein.

Die Führung des Erdungsleiters muss geradlinig und senkrecht realisiert werden, damit ein möglichst kurzer und direkter Weg zur Erdungsanlage gewährleistet ist. Als geeigneter Erdungsleiter gilt ein Einzelmassivdraht (Volldraht) mit einem Mindestquerschnitt von 16 mm² Kupfer, z. B. H07 V-U, isoliert oder blank, oder 2 mm² Aluminium-Knetlegierung, 25 mm² in isolierter Ausführung, oder 50 mm² Stahl. Die verwendeten Materialien dürfen sich untereinander nicht korrosiv beeinflussen. Erdungsleiter dürfen nicht als Feindrahtleiter ausgelegt sein. Die koaxialen Kabelschirme sind mittels Schutzpotentialausgleichsleiter – ausgeführt als Kupferdraht 4 mm² – mit dem Mast zu verbinden. Als Erdungsleiter dürfen NYM, H07V-U, H07V-R, NYY 16 mm² bzw. NAYY 25 verwendet werden. In den anerkannten Regeln der Technik heißt es weiter:

- *„Ausgleichsleitungen zwischen den Betriebsmitteln der Antennenanlage müssen aus 4 mm² Kupferdraht, blank oder isoliert mit grün-gelber Kennzeichnung bestehen.*
- *Kupfer- oder Alu-Erdungsleiter dürfen nicht direkt auf oder im Putz oder auf oder in Beton verlegt werden. Stahl wird vorzugsweise im Außenbereich montiert. In älteren Gebäuden/Häusern in dem kein Fundamenterder nach DIN 18014 eingebaut*

wurde, besteht für die Elektroanlage und den Fundamenterder in den meisten Fällen Bestandsschutz. Eine Nachrüstung des Fundamenterders ist nicht erforderlich."

Man könnte für ihre angesprochene SAT-Antennenanlage folgende Bauteile montieren:

- verzinkter Kreuzprofilerder (mit einer Länge von 2,5 m),
- Staberder (bei gleicher Länge einen Mindestquerschnitt bei Kupfer von 50 mm^2 und bei Stahl von 80 mm^2),
- statt einem zwei im Abstand von ca. 3 m angebrachte und 1,5 m lange Erder,
- Horizontalerder (mit einer Länge von 5 m).

Die beiden letzten Möglichkeiten gelten für den Fall eines sehr harten Erdbodens.

Regeln der Erder- und Leitungsverlegung

Der Erderanschlusskopf sollte ca. 50 cm unter der Oberfläche liegen, der Erder in ca. 1 m Abstand vom Fundament montiert sein. Ein einzelner 2 m oder 1,5 m langer Kreuzerder ist nicht erlaubt. Alternative Materialien zu dieser Installation sind nach DIN 18014 nach DIN VDE 0855-1:

- Bandeisen 30 x 3,5 mm (100 mm^2),
- V4A-Stahl (nicht rostender Stahl),
- Stahlseil 95 mm^2,
- Kupferband 50 mm^2 oder
- Leitungsseil 35 mm^2.

In TN-Systemen muss man den Erder der Antennenanlage mit der Haupterdungsschiene verbinden. Nicht geeignet als Erdungsleiter sind

- die Außenleiter der Antennenkabel,
- metallische Hausinstallationen (z. B. Metallrohre der Wasser- oder Heizungsanlage), da die Dauerhaftigkeit der Verbindung nicht gewährleistet werden kann,
- Schutz- und Neutralleiter des Starkstromnetzes.

Antennenkabel und Erdungsleiter dürfen nicht durch Räume geführt werden, die der Lagerung von leicht entzündlichen Stoffen dienen (z. B. Heu, Stroh) oder in denen sich eine explosive Atmosphäre bilden kann (z. B. Gase oder Dämpfe).

Die Verlegung von elektrischen Leitungen ist in der DIN VDE 0100-520 geregelt. Fremde Einflüsse auf Leitungen während der Montage und im Betriebsfall zeigen sich in Form thermischer und mechanischer Beanspruchungen. Auch hier müssen die Richtlinien für die Strombelastbarkeit nach DIN VDE 0298 Teil 4 einbezogen werden. Bei den mechanischen Belastungen stellen die Biegeradien und die Zugbelastungen wichtige Kriterien dar.
Ein spezielles Erdkabel, wie in der Anfrage beschrieben, gibt es nicht. Die Erdverbindung von der Haupterdungsschiene zum Kreuzerder können Sie nach den Alternativen der DIN-VDE-Bestimmungen, die im vorliegenden Fachbericht aufgeführt sind, ausführen. Sie dürfen auch Leitungen ohne Isolierungen zum Kreuzerder verlegen. Dann müssen Sie aber die entsprechend der DIN-VDE-Bestimmungen montieren und anschließen

Fazit

Eine nicht isolierte Aderleitung aus Kupfer (z. B. 1 x 16 mm^2) in einem Wohn- oder Bürogebäude unter Putz zu verlegen, würde ich Ihnen als verantwortliche elektrische Fachkraft nicht empfehlen, da hier mit der Zeit Beschädigungen am Putz, Tapete oder Farbe auftreten können. Erfahrungsgemäß würden bei Eindringen eines großen Blitzstromes Beschädigungen an den Wänden auftreten. Bei einer Hallenkonstruktion aus Metall sieht die Erdung anders aus. Hier darf der Installateur nach DIN VDE 0185-305 z. B. die metallischen Teile als Ableiter zur Erdungsanlage benutzen.
Als verantwortliche Elektrofachkraft würde ich ihnen und ihrem Kunden nicht empfehlen, Aderleitungen auf eine Wand zu nageln. Wie in meiner Antwort beschrieben, sollten Sie die hier aufgeführten anerkannte Regeln der Technik, insbesondere die von mir aufgeführten DIN-VDE-Bestimmungen des Auswahlordners des Elektrotechniker-Handwerks einhalten und dies Ihrem Kunden im Fachgespräch erläutern.

Quellen:

DIN 18014, VDE 0855-1, DIN EN 60728-11, DIN VDE 0185-305, DIN VDE 0100-520, DIN VDE 0298 Teil 4

Lust auf Austausch zu diesem Thema? Über diesen QR-Code kommen Sie direkt in den elektro.net-Kommentarbereich dieses Praxisproblems. Dort finden Sie zusätzliche Informationen und können sich mit anderen austauschen.

8 Spannungsprüfer gemäß EN 61243-3

? **Praxisfrage von *J. S.* (Nordrhein-Westfalen) | 28.05.2024**

Die Firma Fluke bietet zwei fast gleiche Spannungsprüfer an, nämlich den T130 und den T130 VDE. Die Norm EN 61243-3 wird auf beiden Spannungsprüfern angegeben. Auf einer Fluke-Seite im Netz steht Folgendes: *„Signalton ein/aus für Prüfungen in ruhigen Bereichen. (nicht T110 VDE, T130 VDE, T150 VDE)"*. Weitere Unterschiede konnte ich nicht finden. Ist der Einsatz der Nicht-VDE-Version in Deutschland zugelassen? Das reine Ausschalten des Signaltons stellt für mich kein Sicherheitsrisiko dar. Es gibt immer noch die Digitalanzeige und die LEDs sowie den Vibrationsalarm. Unterscheidet sich die EN 61243-3 von der VDE 0682-401:2015-08?

! **Expertenantwort von *Michael Lochthofen* | 09.07.2024**

Aussagen in den Normen

Betrachten wir zunächst die Produktnorm DIN EN 61243-3 (VDE 0682-401):2015-08 „Arbeiten unter Spannung – Spannungsprüfer – Teil 3: Zweipolige Spannungsprüfer für Niederspannungsnetze". Dort werden im Abschnitt 4.1.2 die Anforderungen an die Anzeigen beschrieben, wenn Spannung vorhanden ist: *„4.1.2 Anzeige (...) Der Spannungsprüfer muss eine eindeutige Anzeige des Zustandes ‚Spannung vorhanden' der Betriebsspannung durch Änderung des Anzeigezustandes geben. Die Anzeige muss eine Sichtanzeige sein. Eine akustische Anzeige ist optional. Gleichzeitige Anzeigen müssen erfolgen, wenn der Spannungsprüfer mehr als ein Anzeigesystem hat"*.

Demnach ist die abschaltbare akustische Anzeige bei der Version „T130" ein nettes Produktmerkmal. Vorgeschrieben ist der Signalton generell nicht. Auch die DIN VDE 0105-100 „Betrieb elektrischer Anlagen – Teil 100: Allgemeine Festlegungen" kennt für den Einsatz keine weitergehenden Anforderungen an Spannungsprüfer als den Verweis auf die Produktnorm und die Anweisung zum Test vor und möglichst nach dem Gebrauch.

Erklärung: VDE versus DIN EN

Die Produktnorm für die zweipoligen Spannungsprüfer ist als DIN EN klassifiziert. Es ist also die deutsche Version einer europaweit harmonisierten Norm. Diese trägt zur besseren Einordnung in das VDE-Schema auch weiterhin die VDE-Bezeichnung. Der Text unterscheidet sich jedoch nicht. Es ist somit auch möglich, in einem anderen CENELEC-Land einen zweipoligen Spannungsprüfer mit der Kennzeichnung „EN 61243-3“ zu kaufen und hier einzusetzen.

Bei einigen EN-Normen gibt es allerdings auch nationale Änderungen. Diese sind nur zulässig, wenn höherwertiges nationales Recht etwas anders sieht, als die Norm es beschreibt. Diese nationalen Änderungen sind dann in den „Nationalen Anhängen“ beschrieben, mit der Begründung, auf welcher Verordnung oder welchem Gesetz diese Regelung im jeweiligen Land basiert.

Quellen:
DIN EN 61243-3 (VDE 0682-401), DIN VDE 0105-100

Lust auf Austausch zu diesem Thema? Über diesen QR-Code kommen Sie direkt in den elektro.net-Kommentarbereich dieses Praxisproblems. Dort finden Sie zusätzliche Informationen und können sich mit anderen austauschen.

9 Messung der Niederohmigkeit zwischen PE und N

? **Praxisfrage von *L. G.* (Bayern) | 10.03.2021**

Für die reguläre Messung der Niederohmigkeit des Schutzleiters ist eine lange Messleitung zu nehmen. Man misst dann die Strecke plus die Messleitung und zieht anschließend die Messleitung wieder ab oder lässt sich diesen Wert vom Messgerät abziehen.
Ich bin jetzt der Meinung, dass eine Messung zwischen PE und N ein vergleichbares Ergebnis bringt. So könnte ich z. B. bei einem Messergebnis von 250 mΩ sagen, ob der Wert von etwa 125 mΩ für den Schutzleiter dieser Leitung in Ordnung geht. Meine Fragen hierzu:

- Wie bewerten Sie mein Vorgehen?
- Da ich bei meinem Verfahren mit Gleichstrom messe und eine RCD Typ A verbaut ist, könnte diese RCD Schaden nehmen?

Mir geht es primär nicht darum, bei einer kompletten Installation in dieser Art vorzugehen (wobei es in meinen Augen möglich wäre). Nach einer Instandsetzung wäre es dennoch ein einfacher Weg: Ich schließe z. B. einen Herd an und kann direkt die Niederohmigkeit von dieser Leitung beurteilen.

! **Expertenantwort von *Michael Lochthofen* | 29.03.2021**

Nur in der Theorie so umsetzbar

In der Theorie wäre dies bei Installationen in Wohngebäuden und im Gewerbe so umsetzbar. Leider funktioniert die von Ihnen vorgeschlagene Vorgehensweise praktisch nicht, da der Prüfstrom von 200 mA DC sehr wohl von der RCD erkannt wird und dieser dann abschaltet.
Der DC-Prüfstrom wird auch von der Fehlerstrom-Schutzeinrichtung (RCD) Typ A erkannt, da der Prüfstrom schlagartig aufgeschaltet wird – die RCD erkennt hier eine Flanke. Würde der Prüfstrom langsam ansteigen, so wie es etwa bei den Profitest-

Geräten von GMC bei der Schleifenimpedanzmessung der Fall ist, um eine RCD-Auslösung zu unterdrücken, dann würde die Niederohm-Messung tatsächlich auch über den Neutralleiter funktionieren.

Ziel der Messung

In der Netzform „TT“ (die in Deutschland immer noch mit 12 % vertreten ist) würde die Messung dann aber auch nicht mehr funktionieren, da es hier keine Verbindung zwischen PE und N in der Anlage gibt.

Das eigentliche Ziel der Niederohm-Messung ist nicht nur der Nachweis, dass der Schutzleiter vorhanden ist. Vielmehr soll auch nachgewiesen werden, dass keine Vertauschung mit anderen Leitern besteht. Zugegeben, bei modernen Anlagen mit RCD und TN-S-System ist die Gefahr einer Vertauschung recht überschaubar. Problematisch war und ist es bei „zweiadrig“ ausgeführten Stromkreisen mit einer Nullung der Steckdosen. Wird hier nicht „klassisch genullt“ (also eine Brücke zwischen PE und N-Kontakt), sondern „klassisch gephast“ (Brücke zwischen PE und L), so besteht im Betrieb eine akute Lebensgefahr – eine RCD kann in diesen Stromkreisen nicht vorhanden sein. Mit der von Ihnen beschriebenen Methode ließe sich eine Vertauschung nicht finden.

Lust auf Austausch zu diesem Thema? Über diesen QR-Code kommen Sie direkt in den elektro.net-Kommentarbereich dieses Praxisproblems. Dort finden Sie zusätzliche Informationen und können sich mit anderen austauschen.

10 Qualifikation eines Prüfers gemäß DIN VDE 0100-600

? **Praxisfrage von *C. M.* (Bayern) | 23.01.2024**

Ich prüfe viele elektrische Anlagen als Elektromeister und möchte das gewissenhaft durchführen. Ich bilde mich deswegen auch regelmäßig in diesem Fachgebiet weiter. Nun habe ich zur Besichtigung der elektrischen Anlage nach VDE 0100-600 dort Folgendes gelesen:

„Das Besichtigen muss durchgeführt werden, um zu bestätigen, dass die elektrischen Betriebsmittel der ortsfesten Anlage

- *den Sicherheitsanforderungen der zutreffenden Betriebsmittelnormen entsprechen; Anmerkung: Dies kann durch Überprüfung der Informationen, Kennzeichnungen oder Zertifikate des Herstellers nachgewiesen werden.*
- *nach der Reihe DIN VDE 0100 und unter Berücksichtigung der Angaben des Herstellers richtig ausgewählt und errichtet worden sind,*
- *ohne sichtbare Beschädigungen oder Fehler, welche die Sicherheit beeinträchtigen."*

Ich fühle mich hier überfordert, die ganze VDE 0100 und die Angaben des Herstellers zu kennen und zu berücksichtigen. Noch hinzu soll ich die Sicherheitsanforderungen aus den Betriebsmittelnormen kennen. Welcher Prüfer wird diesen Anforderungen gerecht?

! **Expertenantwort von *Markus Klar* | 11.03.2024**

Die Prüfungen nach DIN VDE 0100-600 (Erstprüfung) und DIN VDE 0105-100 (Wiederholungsprüfung) müssen durch eine Elektrofachkraft durchgeführt werden. Mit dieser Qualifikationsanforderung ist eigentlich alles gesagt. Der Begriff „Elektrofachkraft" beschreibt dabei keine Berufsausbildung, sondern ist ein Qualifikationsstatus. Dieser setzt sich zusammen aus

1. einer fachlichen Ausbildung,

2. Kenntnissen und Erfahrungen – hier hineinzulesen: für die konkret geforderte Arbeitsaufgabe – und
3. der Kenntnis der einschlägigen Normen und Bestimmungen.

Elektrofachkraft-Status

Die DIN VDE 0100-600 setzt den Begriff „Elektrofachkraft“ als bekannt voraus. Für die Normenreihe DIN VDE 0100 kann er aus Textziffer 828-18-01 der DIN VDE 0100-200 entnommen werden, die jedoch direkt auf Kapitel 3.1 der DIN VDE 1000-10 verweist. Die DIN VDE 0105-100 definiert den Begriff in Kapitel 3.2.4 selbst, wobei diese Definition mit der aus DIN VDE 1000-10 übereinstimmt. Insgesamt besteht hier ein Gleichklang zur Unfallverhütungsvorschrift DGUV Vorschrift 3 (bzw. 4), die die Elektrofachkraft in § 2 Abs. 3 definiert. Die DGUV Vorschrift findet nur Anwendung, wenn ein Träger der gesetzlichen Unfallversicherung dies vorschreibt. Insoweit kann auch auf das staatliche Arbeitsschutzrecht verwiesen werden, in dem es den Status einer „zur Prüfung befähigten Person“ gibt.

Passende Teil-Vorschrift und Herstellerunterlagen einsehen

Hinsichtlich des Umfangs der Gesamtvorschrift VDE 0100 muss festgestellt werden, dass es eine Elektrofachkraft, die umfassend für alle elektrotechnischen Arbeitsgebiete ausgebildet und qualifiziert ist, nicht gibt (vgl. Anmerkung zu 4.3 DIN VDE 1000-10). Es ist also fallweise erforderlich, dass eine als Prüfer tätige Person für ein bislang nicht geläufiges Aufgabengebiet Kenntnisse und Erfahrungen erwirbt und die dort geltenden Normen und Bestimmungen erlernt.

Dazu gehört es, dass die Herstellerunterlagen für die verwendeten Installationsbestandteile hinsichtlich ihrer Eignung und auch zur Einbaulage eingesehen werden. Es muss überprüft werden, dass diese auch mit Blick auf die Umgebungsbedingungen, aber auch ihre Beanspruchung richtig ausgewählt wurden. Man denke hier beispielsweise an den richtigen IP-Code oder an die passende Charakteristik eines Leitungsschutzschalters.

Kenntnisse und Erfahrungen erwerben

Wer bisher nur in Wohngebäuden geprüft hat, wird sich schwertun, plötzlich im medizinischen Bereich (z. B. Errichtungen nach DIN VDE 0100-710) oder andere Räume und Anlagen besonderer Art zu prüfen. Dies ist jedoch nicht unmöglich. Nur müssen eben dazu Kenntnisse und Erfahrungen gesammelt und die passende Norm eingesehen werden. Dabei kann Fachliteratur helfen – so gibt es umfangreiche und regelmäßig aktualisierte Standardwerke zur VDE 0100. Auch das Verfolgen der einschlägigen Veröffentlichung in Fachzeitschriften hilft, Kenntnisse zu erweitern. Wer sich nicht weiterbildet, muss jedoch als Schuster bei seinen Leisten bleiben und darf – will er kein Übernahmeverschulden begehen – nur das tun/anbieten/übernehmen, was er kann.

Quellen:
DIN VDE 0100-600, DIN VDE 0100-200, DIN VDE 0105-100, DIN VDE 1000-10, DGUV Vorschrift 3

Lust auf Austausch zu diesem Thema? Über diesen QR-Code kommen Sie direkt in den elektro.net-Kommentarbereich dieses Praxisproblems. Dort finden Sie zusätzliche Informationen und können sich mit anderen austauschen.

11 Prüfung von Geräten

? Praxisfrage von *R. W.* (Niedersachsen) | 01.08.2024

Ich bin Elektroprüfer in einer Großstadt in Norddeutschland. Zu meinen Aufgaben gehört es unter anderem, Elektrogeräte, z. B. Waschmaschinen, Geschirrspüler, Trockner usw. zu überprüfen. Im Kollegenkreis gibt es immer wieder Streit, wie diese ordnungsgemäß nach VDE zu erfolgen hat. Es gibt generell zwei „Lager". Die einen sagen, dass es reicht, wenn folgende Parameter geprüft werden: Schutzleiterwiderstand, Isolator und Berührungsstrom. Die anderen Kollegen meinen, man kann nur mit Funktion prüfen, wenn auch die Verbraucher – z. B. Ventile, Heizungen, Motoren, Pumpen, Thermostate usw. mit geprüft werden. Das setzt aber einen kompletten Programmdurchlauf voraus, da die Verbraucher nur über die Elektroniken angesprochen werden können. Wie sagen die VDE-Bestimmungen dazu, damit die Kollegen rechtssicher prüfen und aus der Haftung raus sind?

! Expertenantwort von *Michael Lochthofen* | 06.08.2024

Ich muss zunächst anmerken, dass Sie den Schutzleiterstrom als ziemlich wichtigen Kennwert für die Gesundheit der Weißgeräte unerwähnt ließen. Dieser war bereits mit der DIN VDE 0701-1:2000-09 „Instandsetzung, Änderung und Prüfung" verbindlich eingeführt worden.

Aber immer der Reihe nach: Zunächst kann der Hersteller Hinweise geben, wie eine Prüfung nach Reparatur oder eine wiederkehrende Prüfung durchzuführen ist. Gibt er keine Hinweise, dann kann die zum Prüfen befähigte Person den Prüfumfang selbst festlegen und sich dabei z. B. an den unten aufgeführten Schutzzielen orientieren.

Erkennung der Schutzziele

Die technische Umsetzung – also die zur Verfügung stehenden Messungen – sind beschrieben in der

- DIN EN 50678 (VDE 0701):2021-02 „Allgemeine Verfahren zur Überprüfung der Wirksamkeit der Schutzmaßnahmen von Elektrogeräten nach der Reparatur" bzw.
- DIN EN 50699 (VDE 0702):2021-06 „Wiederholungsprüfungen für elektrische Geräte".

Aus diesen Messungen kann eine sinnvolle Auswahl getroffen werden.

Weitere Schutzziele lauten:

- Was ist das Ziel der Prüfung? Geht es „nur" um den Nachweis der elektrischen Sicherheit oder auch um Gewährleistungsansprüche?
- Warum wird die Prüfung durchgeführt? Wurden Reparaturen durchgeführt, die die Sicherheit beeinträchtigen könnten, oder ist es eine wiederkehrende Prüfung?

Ich persönlich sehe es als notwendig an, eine vollständige Prüfung gemäß EN 50678 bzw. EN 50699 durchzuführen. Das wären dann folgende Punkte:

- Schutzleiterwiderstand zu allen Teilen, die geerdet sein sollen und berührbar sind,
- Isolationsmessung (sofern nicht explizit vom Hersteller ausgeschlossen), dabei alle berührbaren leitfähigen Teile abtasten, die nicht am Schutzleiter angeschlossen sind,
- Schutzleiterstrom (mit Umpolung),
- Berührungsstrom (mit Umpolung) an den Teilen, die auch schon bei der Isolationsmessung abgetastet wurden.

Fazit

Um nun die Prüfzeit nicht unermesslich lang werden zu lassen und zweimal bzw. viermal das volle Waschprogramm durchlaufen lassen zu müssen, kennt die zur Prüfung befähigte Person die Prüfprogramme im Servicemenü der Weißgeräte, um die entsprechenden Komponenten nacheinander kurz anzusprechen. Denn dann werden insbesondere die Heizelemente angesteuert, die auch schon vor einem Ausfall auffällige Messwerte verursachen können.

Eine gewisse Kenntnis der Geräte, die es zu prüfen gilt, muss vorausgesetzt werden. So fordert es ja auch die TRBS 1203, welche die Qualifikation an den Prüfer stellt. Dort wird beschrieben, dass man neben einer Berufsausbildung und entsprechenden Weiterbildung über eine mindestens einjährige praktische Erfahrung mit diesen Geräten verfügen muss.

Quellen:
zurückgezogene DIN VDE 0701-1, DIN EN 50678 (VDE 0701), DIN EN 50699(VDE 0702), TRBS 1203

Lust auf Austausch zu diesem Thema? Über diesen QR-Code kommen Sie direkt in den elektro.net-Kommentarbereich dieses Praxisproblems. Dort finden Sie zusätzliche Informationen und können sich mit anderen austauschen.

12 Energiebegrenzungsklasse von LS-Schaltern

? Praxisfrage von *H.-J. S.* (Nordrhein-Westfalen) | 04.04.2024

In einem Baumarkt fand ich folgenden Leitungsschutzschalter, mit der Energiebegrenzungsklasse 1 (**Bild 12.1**). Das Gerät ist mit dem VDE-Symbol und einem CE-Kennzeichen versehen. Was sagen die Energieversorger sagen dazu?

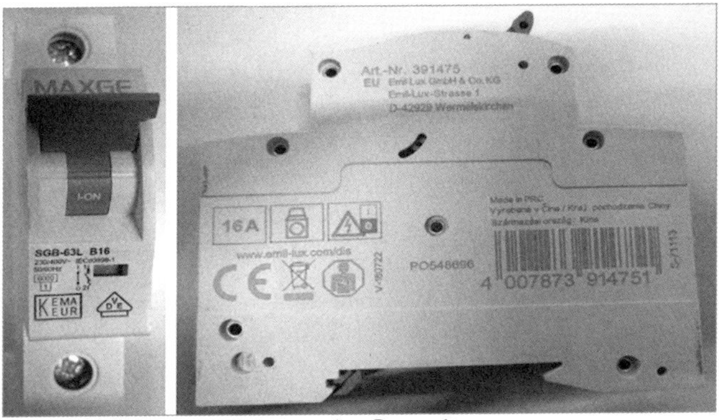

Bild 12.1 Leitungsschutzschalter aus dem Baumarkt

! Expertenantwort von *Günter Grünebast* | 09.04.2024

Leitungsschutzschalter nach DIN EN 60898-1

In der Produktnorm DIN EN 60898-1 „Leitungsschutzschalter für Hausinstallationen und ähnliche Zwecke – Teil 1: Leitungsschutzschalter für Wechselstrom (AC)" werden Leitungsschutzschalter mit der Auslösecharakteristik B und C nach unterschiedlichen Energiebegrenzungsklassen eingeteilt. Die aktuelle Ausgabe der DIN EN 60898-1 von November 2020 sieht im Anhang ZA die beiden Energiebegrenzungsklassen 1 und 3 vor. In einer früheren Ausgabe aus dem Jahr 2006 war noch die Klasse 2 enthalten.

Leitungsschutz bei Kurzschluss

Bei einem Kurzschluss dient ein Leitungsschutzschalter zur sofortigen Abschaltung des Stromkreises und schützt Leiter sowie Isolierungen von Kabeln und Leitungen vor unzulässig hohen lokalen Überhitzungen aufgrund in sehr kurzer Zeit auftretender, hoher Energie. In Abhängigkeit der Energiebegrenzungsklasse sorgen Leitungsschutzschalter für eine Begrenzung dieser Energie in unterschiedlicher Höhe.

Im Abschnitt 434.5 der DIN VDE 0100-430 „Errichten von Niederspannungsanlagen – Teil 4-43: Schutzmaßnahmen – Schutz bei Überstrom" sind Kenngrößen und Anforderungen für Schutzeinrichtungen zum Schutz von Leitungen bei Kurzschluss gegeben. Gemäß der Anmerkung 1 werden diese Anforderungen von Leitungsschutzschaltern mit der Energiebegrenzungsklasse 3 erfüllt.

Energiebegrenzungsklassen

Wie schon zuvor erwähnt, ist eine Begrenzung der Durchlassenergie entscheidend für die Beständigkeit der Isolation von Leitungen bei Kurzschluss und auch wichtig für die Koordination mit vor- und nachgeschalteten Schutzschaltgeräten bei der Betrachtung der Selektivität. Ein Leitungsschutzschalter kann den Strom in seiner Höhe nur bedingt begrenzen. Allerdings kann er die Stromflussdauer beeinflussen. Mit einem möglichst unverzögerten (in Bruchteilen einer Netzperiode) Ansprechen des Schutzschalters wird erzielt, dass der zu erwartende unbeeinflusste Kurzschlussstrom schnellstmöglich unterbrochen und dessen Scheitelwert nicht erreicht wird. Die Ausführung des magnetischen Schnellauslösers in Verbindung mit der Lichtbogen-Löscheinrichtung (Löschkammer mit Löschblechen) spielen dabei eine wichtige Rolle.

Für Leitungsschutzschalter mit der Energiebegrenzungsklasse 1 gibt es im Gegensatz zu Leitungsschutzschaltern mit der Energiebegrenzungsklasse 3 in der Produktnorm DIN EN 60898-1 keine Angaben von zulässigen Werten des Grenzlastintegrals $I^2 \cdot t$. Der Kurzschlussstrom wird dabei in einfacher Weise erst im nächsten Nulldurchgang unterbrochen (Nullpunktlöscher). Sie waren in den 1960er- und 1970er-Jahren weit verbreitet. Die Verwendung von Leitungsschutzschaltern mit der Energiebegrenzungsklasse 1 ist grundsätzlich nicht untersagt. Dennoch bieten sie im Vergleich zu Leitungsschutzschaltern mit der Energiebegrenzungsklasse 3 nur einen eingeschränkten Schutz für Leitungen bei Kurzschluss. Die Verwendung von Leitungsschutzschaltern mit der Energiebegrenzungsklasse 3 bewirkt die höchste Energiebegrenzung und vergleichsweise niedrige Werte der Durchlassenergie.

Fazit

In Deutschland fordern daher Netzbetreiber sowie auch Unternehmen wie z. B. die Deutsche Bahn in ihren Technischen Anschlussbedingungen, dass Leitungsschutzschalter nach DIN EN 60898-1 zum Schutz in Stromkreisverteilern mindestens ein Bemessungsschaltvermögen von 6 kA aufweisen müssen und der Energiebegrenzungsklasse 3 entsprechen müssen.

Quellen:

DIN EN 60898-1, DIN VDE 0100-430

Lust auf Austausch zu diesem Thema? Über diesen QR-Code kommen Sie direkt in den elektro.net-Kommentarbereich dieses Praxisproblems. Dort finden Sie zusätzliche Informationen und können sich mit anderen austauschen.

13 Prüfprotokolle plus VdS-Zertifizierung?

? **Praxisfrage von *K.-D. B.* (Rheinland-Pfalz) 10.04.2024**

Seit nunmehr 30 Jahren betreue ich als Meisterbetrieb kleinere Industriebetriebe und führe dort auch die VDE-0701- bzw. 0702-Prüfungen durch. Als Messgerät verwende ich mein „Safetytest 3st“. Die Prüfprotokolle bekommt der Kunde sowohl als Papier als auch im PDF-Format ausgehändigt.
Bisher gab es keine Probleme. Jetzt hat ein Kunde bei mir reklamiert, dass seine Versicherung (ein großer und bekannter deutscher Anbieter) die Messungen samt der Protokolle nicht mehr anerkennen würde und dies ein VDS-zertifizierter Betrieb ausführen müsse. Kann es sein, dass dies nur wieder Beutelschneiderei ist, zumal diese Betriebe ja auch nichts anderes messen als ich?

! **Expertenantwort von *Michael Lochthofen* | 19.04.2024**

Einordnung von VdS-Zertifizierungen

Um es gleich vorwegzunehmen: Nein, eine VdS-Zertifizierung für Geräteprüfungen ist nirgends vorgeschrieben. Beides hat im Grunde nichts miteinander zu tun. Ein VdS-Sachverständiger kann – wenn er denn eine befähigte Person im Sinne der TRBS 1203 ist – die Tätigkeit der Geräteprüfung mit anbieten. Beides hat er getrennt zu dokumentieren, d.h. die Prüfung der Anlage nach VdS 2871 und die Prüfung der Geräte nach VDE 0702.
Dem VdS (VdS Schadenverhütung GmbH, ehemals Verband der Sachversicherer e.V.) geht es ja grundsätzlich um Brandschutz und Gebäude. Die Geräteprüfung wird dabei nur ganz leicht gestreift. Der einzige Hinweis darauf ist, dass bei der Besichtigung im Rahmen der Prüfung nach VdS 2871 auch mit auf ortsveränderliche Betriebsmittel geachtet werden soll.

Vielleicht auch VDI?

Vielleicht handelt es sich um eine Verwechselung und gemeint ist in Ihrem Falle die VDI. Dort gibt es tatsächlich ein Blatt (sprich: VDI 4068 Blatt 4), in dem die Qualifikation für Prüfpersonen zur Geräteprüfung beschrieben ist. Die Regelwerke von VDI sind jedoch nur verbindlich, wenn sie vertraglich vereinbart worden sind. Es kann ja durchaus sein, dass der Auftraggeber gerne die VDI 4068 vereinbart hätte, aber das muss er dann auch bei Auftragsvergabe sagen und sich bestätigen lassen. Immerhin muss der Auftragnehmer dann auch die Qualifikation seiner Prüfpersonen nach VDI 4068 Blatt 4 nachweisen.

Quellen:
TRBS 1203, VDE 0702, VdS 2871, VDI 4068

Lust auf Austausch zu diesem Thema? Über diesen QR-Code kommen Sie direkt in den elektro.net-Kommentarbereich dieses Praxisproblems. Dort finden Sie zusätzliche Informationen und können sich mit anderen austauschen.

14 RCD-Typ für Wärmepumpen

? **Praxisfrage von *S. W.* (Nordrhein-Westfalen) | 02.01.2024**

Eine Wärmepumpe für ein Ferienhaus besteht aus einem Außen- und Innengerät. Beide werden mit 230 V betrieben. Der Hersteller empfiehlt eine RCD des Typs B, schreibt diese aber nicht vor. In der elektrischen Anlage wurde nun eine RCD des Typs A verbaut. Hierüber läuft die komplette WP sowie der Heizkreisverteiler. Bei der Inbetriebnahme wurde nun die RCD bemängelt. Ich habe es so verstanden, dass ich einen Typ B erst bei einem Drehstrom-Außengerät brauche bzw. in Nordrhein-Westfalen sogar generell keine RCD verbauen muss. Liege ich da richtig?

! **Expertenantwort von *Günter Grünebast* | 27.02.2024**

Wärmepumpen mit Frequenzumrichter

Wärmepumpen sind in der Regel mit Frequenzumrichtern ausgestattet. Je nach Anschluss und Ausführung dieser Frequenzumrichter sind im Fehlerfall unterschiedliche Arten von Fehlerströmen möglich. In der DIN VDE 0100-530 „Errichten von Niederspannungsanlagen – Teil 530: Auswahl und Errichtung elektrischer Betriebsmittel – Schalt- und Steuergeräte“ sind im Anhang A mögliche Fehlerströme in Abhängigkeit der verwendeten Schaltungstopologie von elektrischen Betriebsmitteln aufgeführt.

Schaltungstopologien von Frequenzumrichtern

Das **Bild 14.1** zeigt einen Frequenzumrichter mit Eingangs-Zweipulsbrückenschaltung und PFC im DC-Zwischenkreis gemäß Anhang A Schaltbild 8 aus der DIN VDE 0100-530. Der Frequenzumrichter ist an einer Wechselspannungsquelle (üblicherweise 230 V) mit einem Außen- und Neutralleiter angeschlossen. Bei der Betrachtung der Form des Fehlerstroms I_{F2} ist erkennbar,

	Schaltbild mit Fehlerort	Form des Lastenstroms I_L	Form des Erdschlussstroms I_F	Durch die Auslösecharakteristik der Fehlerstrom-Schutzeinrichtung (RCD) gegebener Schutz
8	Frequenzinverter mit Zweipuls-Brückenschaltung und PFC 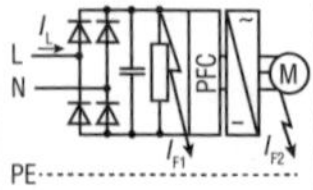	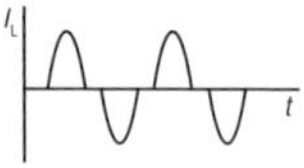	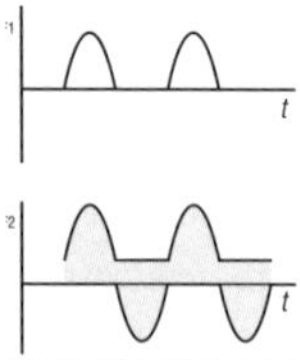	B

Quelle: DIN VDE 0100-530

Bild 14.1 Mögliche Fehlerströme in Systemen mit Halbleitern – Stromkreise mit sehr wahrscheinlichen Fehlerströmen in Verbindung mit Halbleiterbauteilen

dass dieser bedingt durch die PFC keine Nullpunktberührung aufweist und zudem höherfrequente Anteile enthält, welche durch die Schaltfrequenz des Pulswechselrichters auf der Motor-Seite bedingt sind. Glatte Gleichfehlerströme und Wechselfehlerströme ungleich der Netzfrequenz (50 Hz) werden nur von Fehlerstrom-Schutzeinrichtungen (RCDs) des Typs B oder Typ B+ erfasst. RCDs des Typs A dürfen in diesem Fall nicht verwendet werden. Beim Betrieb einer elektrischen Anlage mit einer Wärmepumpe mit einer Schaltungstopologie wie im Schaltbild 8 dargestellt, muss eine RCD somit des Typs B oder Typ B+ sein, wenn eine RCD gefordert ist.

Es kann somit durchaus sein, dass die von Ihnen verwendete Wärmepumpe die oben beschriebene Ausführung eines Frequenzumrichters enthält und der Hersteller somit korrekterweise auch eine RCD des Typs B empfiehlt. In Deutschland dürfen nach Anmerkung 2 im Anhang A von DIN VDE 0100-530 anstelle von RCDs des Typs B auch RCDs des Typs B+ verwendet werden. Ob eine RCD überhaupt verwendet werden muss, soll nun im Weiteren näher erläutert werden.

Anforderungen an den Fehlerschutz nach DIN VDE 0100-410

Ich gehe zunächst einmal davon aus, dass die Wärmepumpe in Ihrem Fall ohne Steckvorrichtung und somit fest angeschlossen ist. Bezüglich der Einhaltung der maximalen Abschaltzeiten zur Realisierung der Anforderungen zum Fehlerschutz nach DIN VDE 0100-410 „Errichten von Niederspannungsanlagen – Teil 4-41: Schutzmaßnahmen – Schutz gegen elektrischen Schlag" im Abschnitt 411.3 ist die Verwendung von Überstrom-Schutzeinrichtungen (z. B. Leitungsschutzschalter) in der Regel ausreichend. Auf RCDs kann an dieser Stelle verzichtet werden. Fest angeschlossene Betriebsmittel erfordern pauschal keine Verwendung von RCDs zum Fehlerschutz. Bei TN-Stromversorgungssystemen trifft das üblicherweise zu. Anders sieht es jedoch im TT-Stromversorgungssystem aus. Hier sind die maximalen Abschaltzeiten nach Tabelle 41.1 der DIN VDE 0100-410 beim Erdschluss meist nur mit Hilfe von RCDs erreichbar. In TT-Systemen werden die Abschaltzeiten mit unempfindlichen auslösezeitverzögerten oder selektiven RCDs üblicherweise mit Bemessungsdifferenzströmen von 100 mA oder 300 mA eingehalten. Aufgrund möglicher höherer Ableitströme, bedingt durch EMV-Maßnahmen des Umrichters, würde ich hier auf RCDs mit einem Bemessungsdifferenzstrom von 30 mA verzichten.

Wird ein Betriebsmittel mit Frequenzumrichter verwendet und ist am Frequenzumrichter (am Ausgang des über Halbleiter gesteuerten Pulswechselrichters) ein Motor über eine Leitung angeschlossen, dann endet ein nach DIN VDE 0100-410 Abschnitt 411 zu schützender Endstromkreis am Ende dieser Leitung und somit am Motor. Es ist daher zu beachten, dass die maximalen Abschaltzeiten nach Tabelle 41.1 der DIN VDE 0100-410 auch im TN-Stromversorgungssystem bei einem Erdschluss am Ende dieser Leitung eingehalten werden müssen. Möglicherweise reicht ein Leitungsschutzschalter als Überstrom-Schutzeinrichtung, der sich am Anfang des zu schützenden Endstromkreises in einer Verteilung befindet, nicht mehr aus. Die Verwendung einer RCD kann hier jedoch Abhilfe schaffen.

Endstromkreise mit Steckdosen

Bei Endstromkreisen mit Steckdosen (unabhängig ob im TN- oder TT-System) mit einem Bemessungsstrom bis einschließlich 32 A müssen nach Abschnitt 411.3.3 in der DIN VDE 0100-410 RCDs mit einem Bemessungsdifferenzstrom ≤ 30 mA verwendet werden. Falls Ihre Wärmepumpe doch mit einem Stecker versehen ist, müssen Sie diese Anforderungen beachten. Wenn, wie schon zuvor erwähnt, im Fehlerfall glatte Gleichfehlerströme > 6 mA generiert werden können, dann muss diese RCD des Typs B oder B+ sein. Eine möglicherweise in der Installation schon zum Schutz des vorhandenen Stromkreises vorgesehene RCD des Typs A muss daher getauscht werden. Meist müssen beim Anschluss von Wärmepumpen vorhandene Leitungen aufgrund geänderter Betriebsbedingungen (z. B. Dauerbetrieb) oder größerer Betriebsströme ohnehin geändert werden. Bei dieser Gelegenheit kann ein vorhandener nicht geeigneter RCD in einfacher Weise mit getauscht werden. In der DIN VDE 0100-530 sind im Abschnitt 531.3.3 die verschiedenen Typen von RCDs aufgeführt. Im Anhang A sind geeignete Typen von RCDs den Betriebsmitteln mit unterschiedlichen Schaltungstopologien zugeordnet.

Verwendung von RCDs

Auch wenn ein TN-Stromversorgungssystem vorliegt und das Betriebsmittel fest angeschlossen ist, können andere Gründe die Verwendung von RCDs erfordern. Hierzu eine beispielhafte und nicht vollständige Auflistung:

- Es handelt sich um eine feuergefährdete Betriebsstätte nach DIN VDE 0100-420 „Errichten von Niederspannungsanlagen – Teil 4-42: Schutzmaßnahmen – Schutz gegen thermische Auswirkungen)“, Abschnitt 422.3. Die Verwendung von RCDs mit einem Bemessungsdifferenzstrom ≤ 300 mA für Stromkreise ohne Steckvorrichtungen ist hier vorgesehen. Siehe auch VdS 2033 (VdS Schadenverhütung GmbH).
- Es handelt sich um eine landwirtschaftliche Betriebsstätte nach DIN VDE 0100-705 „Errichten von Niederspannungsanlagen – Teil 7-705: Anforderungen für Betriebsstätten, Räume

und Anlagen besonderer Art – Elektrische Anlagen von landwirtschaftlichen und gartenbaulichen Betriebsstätten". Nach Abschnitt 705.4.41 ist die Verwendung von RCDs mit einem Bemessungsdifferenzstrom ≤ 300 mA für Stromkreise ohne Steckvorrichtung vorgesehen.

- Der regionale Energieversorger kann die Verwendung von RCDs fordern.
- Aus Brandschutzgründen oder auch aus anderen Gründen wird die Verwendung von RCDs vom Versicherer gefordert.
- Der ausführende Installateur fordert aufgrund der Berücksichtigung besonderer Gegebenheiten zur Erhöhung der Sicherheit die Verwendung von RCDs.

Der Hersteller eines Betriebsmittels (z. B. Wärmepumpe) empfiehlt oder fordert die Verwendung von RCDs z. B. aufgrund der Beschaffenheit oder Komplexität seines Betriebsmittels, u. a. wenn es im Außenbereich ggf. bei raueren oder unbekannten Umgebungsbedingungen verwendet wird oder wenn die Möglichkeit besteht, dass unter allen Bedingungen die maximalen Abschaltzeiten bei einem Erdschluss nicht mit Überstrom-Schutzeinrichtungen erreicht werden, sowie auch zur vorbeugenden Erhöhung der elektrischen Sicherheit oder aus Gründen der Gewährleistung. Grundsätzlich sind die Angaben des Herstellers auch in Bezug auf den zu verwendenden RCD-Typ zu beachten.

Fazit

Mittlerweile sind spezielle RCDs am Markt erhältlich, die für den Betrieb mit Wärmepumpen optimiert sind. Beispielsweise können ein über einen weiten Frequenzbereich lückenlos definierter Auslösefrequenzgang und über die Anforderungen der Produktnorm hinausgehende höhere Auslösezeitverzögerungen einen zuverlässigen und ungestörten Betrieb gewährleisten. Aufgrund dieser erhöhten Immunisierung z. B. gegenüber transienten Ableitströmen oder Stoßströmen, welche durch Schalthandlungen im Netz oder Blitzeinschläge generiert werden, können unerwünschte Auslösungen diesbezüglich nahezu ausgeschlossen werden.

Quellen:
DIN VDE 0100-410, DIN VDE 0100-420, DIN VDE 0100-530, DIN VDE 0100-705, VdS 2033

Lust auf Austausch zu diesem Thema? Über diesen QR-Code kommen Sie direkt in den elektro.net-Kommentarbereich dieses Praxisproblems. Dort finden Sie zusätzliche Informationen und können sich mit anderen austauschen.

15 Jährliche Eichung von Messgeräten

?

Praxisfrage von *R. W.* (Rheinland-Pfalz) | 05.12.2024

Ich bin Elektroprüfer mit einer Frage, bei der im Kollegenkreis große Unsicherheit herrscht. Müssen unsere Messgeräte nach VDE 0701 bzw. VDE 0702 regelmäßig zum Justieren und Eichen zum Hersteller eingeschickt werden oder reicht ein halbjähriges Kalibrieren vor Ort bei uns im Büro? Gibt es gesetzliche Regelungen? Ich bin der Meinung es muss eine jährliche zertifizierte Prüfung durch den Hersteller erfolgen.

!

Expertenantwort von *Michael Lochthofen* | 19.04.2024

Prüfgeräte zum Nachweis von Schutzmaßnahmen und Gerätetester für die Prüfung nach VDE 0701 und VDE 0702 sind zunächst einmal nur „ganz normale“ Arbeitsmittel. Der Unternehmer muss sich nach Betriebssicherheitsverordnung (BetrSichV) sicher sein, dass das Prüfgerät auch richtig funktioniert. Im Rahmen seiner Gefährdungsbeurteilung nach TRBS 1201 „Technische Regeln für Betriebssicherheit – Prüfungen und Kontrollen von Arbeitsmitteln und überwachungsbedürftigen Anlagen“ (Ausgabe März 2019) muss der Unternehmer festlegen und einschätzen, was nötig ist, um das Prüfgerät in einem sicheren und zuverlässigen Zustand zu erhalten. Dabei kann er natürlich die Empfehlungen des Herstellers mit einbeziehen.

Besondere Vereinbarungen

Viele Auftraggeber schreiben jedoch hinsichtlich der Prüfgeräte und deren Kalibrierung gerne besondere Anforderungen in ihre Verträge. So kann auch vorgeschrieben werden, dass alle verwendeten Prüfgeräte über eine DAkkS-Kalibrierung verfügen müssen, die nicht älter als ein Jahr ist. Dort gilt, was zwischen Auftragnehmer und Auftraggeber vereinbart ist.

Herstellervorgaben beachten

Die Hersteller von Prüfgeräten empfehlen in der Regel eine jährliche Kalibrierung. Es ist durchaus sinnvoll, die Geräte regelmäßig zum Hersteller zu schicken, da dann auch Verschleißteile gewechselt und eine aktuelle Firmware aufgespielt werden kann. Was jedoch „regelmäßig" ist, sollte man sich nicht nur aufgrund der Nutzungsintensität überlegen. Auch häufig wechselnde Umgebungstemperaturen und alles andere, was die Prüfgeräte stresst, führt zu einer verkürzten Nutzungsdauer. So kann ein Installationstester, der auf einer Großbaustelle täglich und dauerhaft für RCD-Prüfungen verwendet wird, schon nach sechs Monaten so verschlissen sein, dass er einen Service inkl. Kalibrierung benötigt. Hier sprechen wir aber von 5.000 und mehr Prüfzyklen.
Es gibt auch Prüfgeräte, die an Softwarelizenzen gebunden sind. Diese melden sich dann nach elf Monaten automatisch, dass sie einen Service mit Kalibrierung wünschen. Nach dem Ende des 13. Monats stellen diese Geräte dann ihre Arbeit ein. Hier kann dann nur der Hersteller den Service ausführen, damit auch die Garantieverlängerung weiterlaufen kann.

Kreative Lösungen

Wie eingangs erwähnt, kann der Unternehmer selbst festlegen, wie der sichere und zuverlässige Zustand erhalten wird. Um die Verfügbarkeit des Prüfgerätes zu erhöhen, kann man selbst auch einen regelmäßigen Abgleich vornehmen. Dazu gibt es von verschiedenen Herstellern Feldkalibratoren, die sich im Umfang ihrer Prüfmöglichkeiten etwas unterscheiden. Wird regelmäßig das Prüfgerät so vom Prüfer überprüft, kann das Kalibrierintervall natürlich entsprechend verlängert werden. Bei besonders hartem Einsatz ist sogar eine tägliche Funktionsprüfung vor dem Einsatz sinnvoll.

Eichung und Kalibrierung

Das Eichen ist eine hoheitliche Aufgabe und obliegt den Eichämtern und benannten Stellen. Eine Eichung ist notwendig für z. B. Waagen, Taxameter, Stromzähler und Geräte zur Geschwindigkeitsüberwachung. Prüfgeräte für Schutzmaßnahmen und Gerätetester werden kalibriert.

Eine Kalibrierung ist ganz allgemein ein Vergleich mit einem Messnormal. Eine Kalibrierung enthält in der Regel keine Neueinstellung des Prüfgerätes, sondern nur den Vergleich zwischen dem Prüfnormal und dem Prüfgerät mit entsprechenden Abweichungen. Eine Neueinstellung (Nachjustierung) wäre dann eine Reparatur, die eine neue Kalibrierung erfordert.

Ist also kein besonderer Standard (DAkkS, Werkskalibrierung) vorgeschrieben, dann kann im Grunde auch mit einem Feldkalibrator eine Kalibrierung auf der Baustelle durch den Prüfer selbst erfolgen – es sind dann alle Messungen mit ihren Abweichungen zu dokumentieren.

Quellen:

BetrSichV, TRBS 1201

Lust auf Austausch zu diesem Thema? Über diesen QR-Code kommen Sie direkt in den elektro.net-Kommentarbereich dieses Praxisproblems. Dort finden Sie zusätzliche Informationen und können sich mit anderen austauschen.

16 Unterverteiler aus Metall um Stromkreis erweitern

? **Praxisfrage von *H. R.* (Baden-Württemberg) | 12.11.2024**

Darf ich in einem Metall-Unterverteiler (**Bild 16.1**) einen LS-FI-einbauen oder muss ich diesen Verteiler auswechseln? Der Kunde möchte eine Steckdose im Abstellraum haben. Muss ich dann sogar alle Automaten wechseln oder gar den ganzen Unterverteiler, da ich ja eine Anlagenveränderung vornehme?

Quelle: H. R., Baden-Württemberg

Bild 16.1 Foto zur Anfrage

! **Expertenantwort von *Werner Hörmann* | 03.12.2024**

Erweiterung statt Anlagenveränderung

Der Einbau von Betriebsmitteln für einen neuen Stromkreis stellt keine Anlagenveränderung dar.

Hierbei handelt es sich um eine Erweiterung, wozu es im Abschnitt 3 der „Erläuterungen anlässlich der Veröffentlichung von DIN VDE 0100-420:2022-06“ folgende Klarstellung gibt:

„(3) Wann besteht Anpassungs-/Nachrüstpflicht einer elektrischen Anlage?

Grundsätzlich muss eine elektrische Anlage, die zum Zeitpunkt ihrer Errichtung nach den gültigen Normen errichtet wurde, bei Herausgabe neuerer Normen nicht nachgerüstet werden, es besteht also keine generelle Anpassungspflicht.

Bestehende Anlagen müssen bei

- ***Änderung der Betriebsbedingungen**, z. B. Art der Betriebsstätte (trocken, feucht, feuer- oder explosionsgefährdet) – siehe DIN VDE 0105-100 oder*
- ***Nutzungsänderung von Räumen oder Orten bzw. Bereichen** (z. B. Umwandlung eines Bürogebäudes in Hotel, Pflegeheim, …)*

den jeweils gültigen Errichtungsnormen angepasst werden.
Die notwendige Anpassung kann sich auch auf Anlagenteile oder Gebäudeteile beschränken.
Die jeweils aktuellen Normen müssen auch angewendet werden bei Erweiterung oder Änderung von Anlagen und ebenso auf Teile bestehender Anlagen, die von einer Erweiterung oder Änderung beeinflusst sind.“
Hier noch der Link zum angeführten Dokument:
http://bit.ly/46CMAD8

Kein Verteileraustausch notwendig

Es besteht also keine Notwendigkeit, den Verteiler auszuwechseln, wenn zum Zeitpunkt der Errichtung dieses Verteilers Verteiler aus Metall zulässig waren und die Zwischenabdeckung (Berührungsschutz) noch vorhanden ist, damit der elektrotechnische Laie die Leitungsschutzschalter gefahrlos bedienen kann. Auch die vorhandenen Leitungsschutzschalter dürfen beibehalten werden, auch wenn sie noch die Charakteristik „H“ aufweisen. Ebenso dürfte es keine Beeinflussung der vorhandenen elektrischen Anlage durch die Erweiterung geben.
Für die Nachrüstung des Steckdosenstromkreises würde sich – wie Sie auch vorschlagen – ein FI/LS vorsehen, der allerdings entsprechend den derzeit gültigen Normen auszuwählen und einzubauen ist.
Aufgrund der Verteilergröße bzw. geringen Bestückung dürfte es durch den Einbau des FI/LS zu keiner zusätzlichen signifikanten Übertemperatur kommen, sodass diesbezüglich auch keine Bedenken bestehen.

Bei Verteilern, für die schon die Niederspannungsrichtlinie (NSR) zutreffend war, wäre die Nachrüstung etwas problematischer, da Sie dann für die Konformität bezüglich der NSR verantwortlich werden würden.

Sie sollten auf alle Fälle den Verteiler vom Staub befreien, da es hierbei leicht zu einem Brand kommen könnte. Außerdem sollte eine Beschriftung an den Schutzeinrichtungen vorgenommen werden, um die Zuordnung der Schutzeinrichtungen zu erkennen.

Ob es zum Zeitpunkt der Errichtung schon die Forderung gab, dass abgehende Schutzleiter einzeln lösbar sein müssen, lässt sich nicht ermitteln, da Angaben zum Errichtungszeitpunkt in Ihrer Anfrage nicht angeführt sind. Es sei aber darauf hingewiesen, dass bereits 1973 im Abschnitt 6.2.4 von § 30 der VDE 0100/5.73 eine solche Forderung enthalten war. Außerdem muss die Zuordnung der Schutzleiter zu den Stromkreisen erkennbar sein, z. B. durch Anbringen von Stromkreisnummern.

Schutzklasse II ist immer eine gute Wahl

Wie bereits oben angeführt, waren Verteiler aus Metall auch in Wohnungen nicht immer verboten. In manchen TABs waren Forderungen enthalten, dass die Stromkreisverteiler der DIN VDE 0603-1 entsprechen müssen und somit die Schutzisolierung vorgegeben war.

Durch die nun gültige VDE-AR-N 4100:2019-04 gibt es seitdem die Forderung nicht mehr, dass die Stromkreisverteiler der DIN VDE 0603-1 entsprechen müssen. Diese Norm trifft nicht mehr für Installationsverteiler zu. Es wird nun auf die DIN EN 60670-24 (VDE 0606-24) verwiesen, auf die die DIN 18015-1 ebenso verweist.

DIN EN 60670-24 (VDE 0606-24):2014-03 behandelt sowohl Verteiler der Schutzklasse II als auch Schutzklasse I. Somit wären auch im Wohnungsbereich Verteiler der Schutzklasse I zulässig. Angesichts der Problematik bezüglich der Erfüllung des Schutzes durch automatische Abschaltung der Stromversorgung empfiehlt es sich allerdings auch weiterhin, nur Verteiler der Schutzklasse

II einzusetzen. Ich möchte hierzu auch auf die „Verlautbarung zu DIN VDE 0100-410: 2018-10“ hinweisen, die unter folgendem Link heruntergeladen werden kann:
https://bit.ly/456qnMw

Quellen:
Erläuterungen zu DIN VDE 0100-420 :2022-06, NSR, zurückgezogene VDE 0100/5.73, VDE-AR-N 4100, DIN VDE 0603-1, DIN EN 60670-24 (VDE 0606-24), DIN 18015-1, Verlautbarung zu DIN VDE 0100-410

Lust auf Austausch zu diesem Thema? Über diesen QR-Code kommen Sie direkt in den elektro.net-Kommentarbereich dieses Praxisproblems. Dort finden Sie zusätzliche Informationen und können sich mit anderen austauschen.

17 Hintereinanderschaltung verschiedener RCD-Typen

? **Praxisfrage von *J. M.* (Bayern) | 23.07.2013**

1. In der VdS 3501:2008-10(02): „Richtlinien zur Schadenverhütung, Isolationsfehlerschutz in elektrischen Anlagen mit elektronischen Betriebsmitteln – RCD und FU" heißt es unter Punkt 8.12: *„Von Stromkreisen, die durch eine RCD Typ A geschützt sind, dürfen keine Stromkreise abzweigen, die durch eine RCD Typ B geschützt werden sollen."*
   Meine Frage: Von Stromkreisen, die durch eine RCD Typ B (oder Typ S/B) geschützt sind, dürfen Stromkreise (ohne FU-Betrieb) abzweigen, die durch eine RCD Typ A geschützt werden sollen. Ist dies zulässig?
   Hinweis: In einem Stromkreis, der nur durch den vorgeschalteten RCD Typ B geschützt ist, wird ein FU betrieben.
2. Reihenschaltung: RCD Typ S/ B – FU – RCD Typ B
   Folgende Anordnung ist geplant:
   1. RCD Typ S/B Bemessungsdifferenzstrom 300 mA (in der UV untergebracht)
   2. FU, 11kW/400V (Hersteller schreibt einen RCD Typ B mit 300 mA vor)

   2.1 RCD Typ B Bemessungsdifferenzstrom 30 mA

   2.2 Leitungsschutzschalter C16 A 2.3 CEE 16 A-Steckdose

   Hinweis: Der RCD, Pkt. 2.1 ist im Schaltschrank, in dem auch der FU installiert ist, und die CEE 16 A-Steckdose, Pkt. 2.2, ist außen am Schaltschrank angebracht. Der Schaltschrank wird über ein Kabel mit einem 32-A-Stecker elektrisch versorgt.
3. An dem Schaltschrank ist ein Förderband, das sowohl im Innenbereich als auch im Außenbereich im Einsatz ist, über Kabel angeschlossen. Meine Frage: Ist diese Anordnung, was den Einsatz der RCDs betrifft, in Ordnung?

! **Expertenantwort von *Günter Grünebast* | 11.10.2021**

1. Zur ersten Frage

Elektronische Betriebsmittel wie z.B. mehrphasig betriebene Frequenzumrichter können im Fehlerfall einen Fehlerstrom erzeugen, der einen sehr hohen Gleichanteil aufweist. Solche Fehlerströme können den magnetischen Kern des Summenstromwandlers eines FI-Schutzschalters vom Typ A so stark vormagnetisieren, dass dieser magnetisch gesättigt wird. Es erfolgt keine Auslösung des FI-Schutzschalters. Dieser Fehler würde somit unbemerkt bleiben. Tritt in der elektrischen Anlage nun an anderer Stelle aufgrund eines weiteren Fehlers ein Wechselfehlerstrom auf, so findet im magnetischen Kern aufgrund der schon vorhandenen Vormagnetisierung auch keine ausreichende Wechselmagnetisierung mehr statt. Je nach Höhe der Vormagnetisierung wird auch der zusätzliche Wechselfehlerstrom keine Auslösung bewirken. Sind in einer elektrischen Anlage FI-Schutzschalter vorzusehen und ist am zu überwachenden Stromkreis beispielsweise ein mehrphasig betriebener Frequenzumrichter angeschlossen, dann muss ein allstromsensitiver FI-Schutzschalter vom Typ B oder B+ verwendet werden. Die Errichtungsbestimmung DIN VDE 0100-530 gibt im Abschnitt 531.3.2 hierzu eine klare Aussage: *„Ist bekannt, dass ein anzuschließendes Betriebsmittel/Verbrauchsmittel einen für Typ A unverträglichen Gleichstromanteil im Fehlerstrom verursacht, und wird für diesen Stromkreis der Fehlerschutz nach DIN VDE 0100-410 (VDE 0100-410):2007-06, 411 mit einer Fehlerstrom-Schutzeinrichtung (RCD) ausgeführt, muss diese vom Typ B oder vom Typ B+ sein."* Auch bei einer Hintereinanderschaltung von FI-Schutzschaltern muss dieser Aspekt beachtet werden. Dazu ist in der DIN VDE 0100-530 im Abschnitt 531.3.1 aufgeführt: *„Den Fehlerstrom-Schutzeinrichtungen (RCDs) des Typs B und des Typs B+ dürfen Fehlerstrom-Schutzeinrichtungen (RCDs) des Typs A nicht vorgeschaltet werden."* Das ist inhaltlich identisch mit Abschnitt 8.12 der Richtlinie zur Schadenverhütung VdS 3501. In Ihrem Fall haben Sie zunächst einen allstromsensitiven FI-Schutzschalter vom Typ B in selektiver Ausführung vorgesehen (**Bild 17.1**). Auf der Abgangsseite dieses FI-Schutzschalters sind zwei Stromkreise angeschlossen. Am ersten Stromkreis ist ein Frequenzumrichter angeschlossen. Im zweiten Stromkreis ist ein weiterer FI-Schutzschalter allerdings vom Typ A vorgesehen, an dem weitere Verbraucher angeschlossen sind, die jedoch keine glatten Gleichfehlerströme im Fehlerfall erzeugen können (z. B. Leuchten). Tritt nun beispielsweise im Zwischenkreis des Frequenzumrichters ein Isolationsfehler gegen Erde auf, so wird der entstehende Fehlerstrom einen hohen Gleichanteil enthalten. Dieser Fehlerstrom fließt nun vom Zwischenkreis des Umrichters (**Bild 17.2**) über Erde zum Sternpunkt der Spannungsquelle des Netzsystems (z. B. Transformator mit geerdetem Sternpunkt) und fließt weiter, aufgeteilt über die drei Außenleiter, durch den FI-Schutzschalter vom

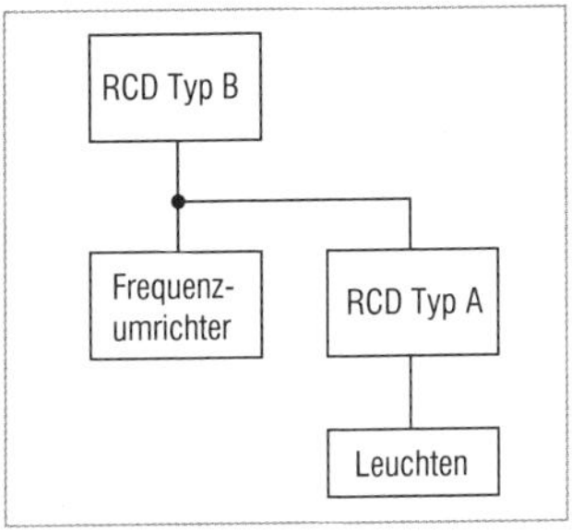

Bild 17.1 Schematische Darstellung zur ersten Teilfrage

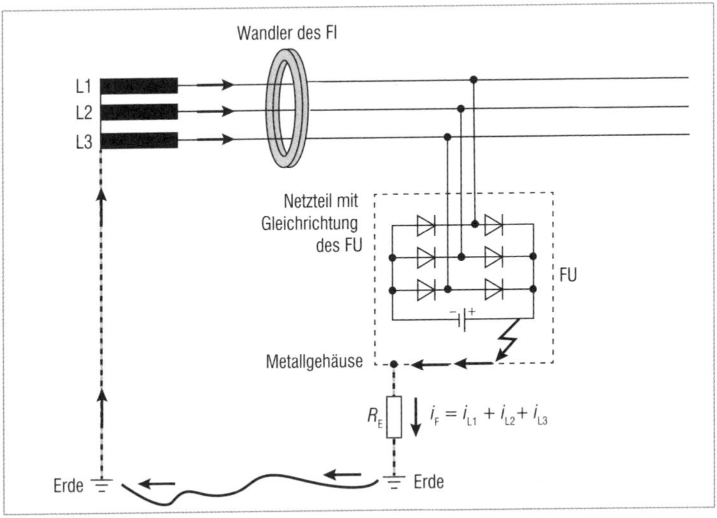

Bild 17.2 Isolationsfehler gegen Erde im Zwischenkreis des Frequenzumrichters

Typ B zurück zur Fehlerquelle (Isolationsfehler im Zwischenkreis des Umrichters). Betrachtet man die einzelnen (aufgeteilten) Fehlerströme, welche durch die drei Außenleiter fließen (i_{L1}, i_{L2}, i_{L3}), stellt man fest, dass diese pulsierend sind, also eine längere Nullpunktberührung aufweisen. Die Summe aber dieser drei einzelnen Ströme ergibt jedoch einen Fehlerstrom (Summenstrom i_F) mit hohem Gleichanteil (**Bild 17.3**)!

Der zweite Stromkreis mit dem FI-Schutzschalter vom Typ A bleibt von diesem Fehlerereignis völlig unberührt. Die von Ihnen vorgesehen Anordnung von FI-Schutzschaltern ist somit korrekt.

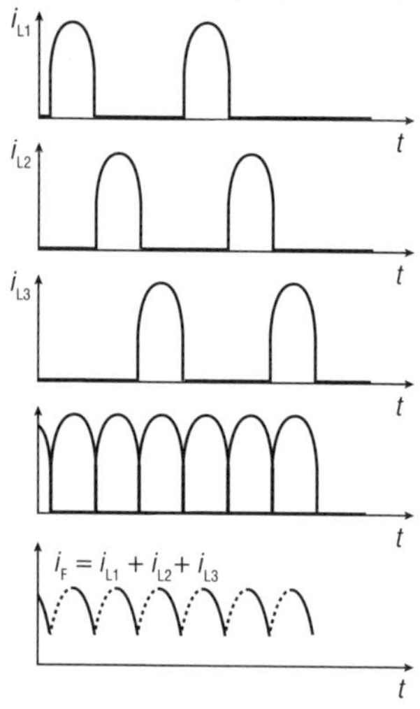

Bild 17.3 Die Summe dreier Einzelströme ergibt einen Fehlerstrom (Summenstrom i_F) mit hohem Gleichanteil

2. Zur zweiten Frage

Bei ihrer Fragestellung konkretisieren Sie die in der ersten Frage aufgeführte Schaltungsanordnung nun noch etwas näher. Wir ziehen hierzu die Errichtungsbestimmungen DIN VDE 0100-410 und DIN VDE 0100-530 zu Rate. Die Anordnung der FI-Schutzschalter entspricht der aus der ersten Frage, jedoch ist nun der FI-Schutzschalter vom Typ A im zweiten Stromkreis durch einen vom Typ B ersetzt – das ist soweit korrekt. Auch die Anforderung zur Selektivität ist eingehalten. Ein vorgeschalteter selektiver FI-Schutzschalter sollte gegenüber dem nachgeschalteten FI-Schutzschalter mindestens den dreifachen Wert des Bemessungsfehlerstromes haben (siehe hierzu auch Abschnitt 535.2.2 aus DIN VDE 0100-530). Gemäß Abschnitt 411.3.3 aus DIN VDE 0100-410 muss bei Steckdosen bis 20 A, welche für eine allgemeine Verwendung vorgesehen sind, ein zusätzlicher Schutz durch Fehlerstrom-Schutzeinrichtungen (RCDs) mit einem Bemessungsfehlerstrom ≤ 30 mA vorgesehen werden. Diese Anforderung erfüllen Sie mit Ihrem FI-Schutzschalter vom Typ B ($I_{\Delta n}$ = 30 mA) welcher sich im Schaltschrank befindet (**Bild 17.4**). Der Schaltschrank ist über ein Kabel mit Stecker (I_n = 32 A) an Ihrer Unterverteilung angeschlossen. Wie bereits erwähnt, sieht die DIN VDE 0100-410 einen zusätzlichen Schutz durch Fehlerstrom-Schutzeinrichtungen (RCDs) mit einem Bemessungsfehler-

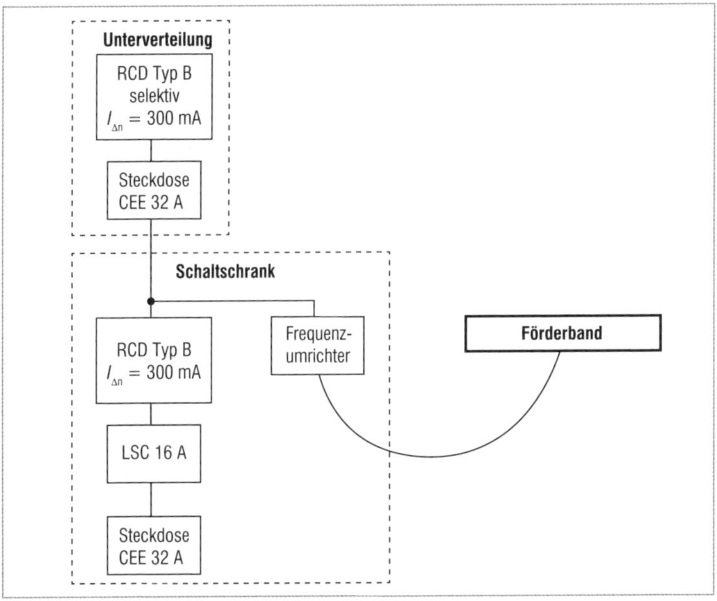

Bild 17.4 Erweiterte Schaltungsanordnung

strom ≤ 30 mA nur für Steckdosen zur allgemeinen Verwendung bis 20 A vor. Werden allerdings tragbare Betriebsmittel mit einem Bemessungsstrom bis 32 A im Außenbereich verwendet, dann muss ein zusätzlicher Schutz vorgesehen werden (siehe Abschnitt 411.3.3). Ich gehe einmal davon aus, dass Ihr Schaltschrank und Ihr Förderband keine tragbaren Betriebsmittel sind und dass das Förderband fest (ohne Steckvorrichtung) mit dem Schaltschrank verbunden ist. Der zusätzliche Schutz kann somit entfallen.
Die VDE 0113-1 (Sicherheit von Maschinen) fordert gemäß Abschnitt 6.3 jedoch Maßnahmen für den Fehlerschutz. Wird zur Realisierung des Fehlerschutzes die Schutzmaßnahme „Automatische Abschaltung der Stromversorgung" durch Einsatz von Fehlerstrom-Schutzeinrichtungen (RCDs) verwendet (siehe Abschnitt 6.3.3), dann sind die Abschaltbedingungen nach VDE 0100-410 (Abschnitt 411.3.2) einzuhalten. Üblicherweise werden diese in TN- aber auch TT-Systemen bei Verwendung von Fehlerstrom-Schutzeinrichtungen (RCDs) mit einem Bemessungsfehlerstrom ≤ 300 mA eingehalten. Zu diesem Zweck haben Sie einen selektiven FI-Schutzschalter vom Typ B mit $I_{\Delta n}$ = 300 mA in Ihrer Unterverteilung vorgesehen (ggf. sollten die Abschaltbedingungen überprüft werden).

Fazit

Bei einer Hintereinanderschaltung von Fehlerstrom-Schutzeinrichtungen (RCDs) ist darauf zu achten, dass Stromkreisen, die durch Fehlerstrom-Schutzeinrichtungen (RCDs) vom Typ B oder B+ geschützt sind, keine Fehlerstrom-Schutzeinrichtungen (RCDs) vom Typ A oder F vorgeschaltet sind. Die von Ihnen vorgeschlagene Anordnung von Fehlerstrom-Schutzeinrichtungen (RCDs) ist korrekt.

Quellen:
DIN VDE 0100-410, DIN VDE 0100-530, VDE 0113-1, VdS 3501

Lust auf Austausch zu diesem Thema? Über diesen QR-Code kommen Sie direkt in den elektro.net-Kommentarbereich dieses Praxisproblems. Dort finden Sie zusätzliche Informationen und können sich mit anderen austauschen.

18 Wiederholungsprüfung mit Stichproben?

? **Praxisfrage von *C. M.* (Bayern) | 06.06.2024**

Die VDE 0105-100 lässt uns als Prüfer die Möglichkeit, bei einer Wiederholungsprüfung die Prüfung auf Stichproben je nach Anlagenzustand zu reduzieren. Davon mache ich als Prüfer Gebrauch, wenn ich elektrische Anlagen prüfe. Nach dem Lesen der VDE 0126-23 (Prüfen und Dokumentieren von PV-Anlagen) stellt sich für mich die Frage, wie sich das bei PV-Anlagen verhält. Die VDE 0126-23 geht hier nicht auf die Möglichkeit der Stichprobenprüfung ein. Kann ich die Stichprobenprüfung, wie in der VDE 0105-100 beschrieben, auch für die PV-Anlagenprüfung anwenden?

! **Expertenantwort von *Michael Lochthofen* | 18.06.2024**

Stichprobenprüfung sind differenziert betrachten

Die Prüfung von PV-Anlagen wird in verschiedenen Normteilen beschrieben. Für die Prüfung bei Errichtung gibt es die von Ihnen genannte VDE 0126-23-1 „Photovoltaik (PV)-Systeme – Anforderungen an Prüfung, Dokumentation und Instandhaltung – Teil 1: Netzgekoppelte Systeme – Dokumentation, Inbetriebnahmeprüfung und Prüfanforderungen".
Darüber hinaus gilt aber auch noch für *Wartung und Instandhaltung* die VDE 0126-23-2 „Photovoltaik (PV)-Systeme – Anforderungen an Prüfung, Dokumentation und Instandhaltung – Teil 2: Netzgekoppelte Systeme – Instandhaltung von PV-Systemen".

Stichproben sind möglich

In der VDE 0126-23-2 werden die Prüfschritte von Teil 1 mit sinnvollen Punkten für die wiederkehrende Prüfung, Wartung und Instandhaltung ergänzt und erklärt. Es gibt darin den Abschnitt 11 für die Überprüfungsaufgaben, Zitat: *„Bei sehr großen Systemen können diese Überprüfungsaufgaben an einer repräsen-*

tativen Betriebsmittelstichprobe durchgeführt werden. Wenn die Bedingungen am Standort variieren, sollte die Stichprobe Teilproben von den verschiedenen Standortpositionen enthalten."

Also sind grundsätzlich schon einmal Stichproben möglich. Das Beispiel einer sehr großen Anlage findet sich dann im Anhang F von VDE 0126-23-2. Hier wird ein beispielhafter Plan für die vorbeugende Wartung gezeigt (ich möchte anmerken, dass es sich bei *„vorbeugende Wartung"* um eine schlechte Übersetzung handeln könnte). Aus der einleitenden Anlagenbeschreibung kann man entnehmen, dass es sich bei *„sehr großen Anlagen"* um Anlagen im mindestens zweistelligen MW-Bereich handelt.

Es wird dann noch im Abschnitt 10.2 auf zwei Normen verwiesen, wie die Betreiberkonzepte für Instandhaltung und Wartung strukturiert erstellen kann:

- Vornorm VDE 0126-19 „Photovoltaische Energiesysteme (PVPS) – Informationsmodell zur Verfügbarkeit", die speziell auf PV-Systeme eingeht und
- DIN EN 60300-3-3 „Zuverlässigkeitsmanagement – Teil 3-3: Anwendungsleitfaden – Lebenszykluskosten", die auf das theoretische Modell einer optimierten Wartung eingeht und erklärt.

Entsprechend muss eine Stichprobenprüfung sauber begründet sein. Es muss klar herauskommen, dass durch die Stichprobe auf den Gesamtzustand geschlossen werden kann. Ferner dürfen keine Fehler übersehen werden, die zu Schäden von Personen, Nutztieren oder Sachwerten führen können. Wenn dies alles erfüllt ist, dann ist eine Stichprobe ein sinnvolles Mittel.

Fazit

Stichprobenprüfungen können nicht „mal so eben" an PV-Anlagen durchgeführt werden. Wenn sie jedoch im Betriebskonzept großer PV-Anlagen mit angelegt sind, kann man diese Prüfmethode durchaus so umsetzen.

Quellen:
DIN EN 60300-3-3, DIN IEC/TS 63019 VDE V 0126-19, DIN VDE 0105-100, DIN EN 62446-1 VDE 0126-23-1

Lust auf Austausch zu diesem Thema? Über diesen QR-Code kommen Sie direkt in den elektro.net-Kommentarbereich dieses Praxisproblems. Dort finden Sie zusätzliche Informationen und können sich mit anderen austauschen.

19 Vorsicherung für RCD-Stromkreis

? **Praxisfrage von *M. R.* (Nordrhein-Westfalen) | 15.09.2022**

Bisher war es üblich, eine Vorsicherung vor einer Gruppen-RCD einzubauen, um die RCD nicht zu überlasten. Ist dies mit der Normenforderung, dass nur noch sechs LS-Schalter an einer dreipoligen RCD angeschlossen werden dürfen, noch zeitgemäß? Diese ganzen Vorsicherungen würden ja auch einen nicht unerheblichen Platzverbrauch bedeuten. Wenn bei einer 40-A-RCD jeder Außenleiter mit maximal 2 · 16 A = 32 A belastet werden kann, welchen Sinn hat dann noch die Vorsicherung, wenn der RCD schaltungstechnisch nicht überlastet werden kann? Selbst im Kurzschlussfall würde ja der 16-A-LS-Schalter auslösen. Meine Frage bezieht sich nur auf die Situation, wenn die vom RCD versorgten Stromkreise den Nennstrom des RCD nicht übersteigen können und sich im selben Schrank (üblicherweise auf derselben Hutschiene) befinden, also auch keine externe Kabelverlegung zwischen RCD und LS-Schaltern vorhanden ist.

! **Expertenantwort von *Günter Grünebast* | 18.10.2022**

Die Norm DIN 18015-1 (Elektrische Anlagen in Wohngebäuden – Teil 1: Planungsgrundlagen) gilt für die Planung von elektrischen Anlagen in Wohngebäuden sowie mit diesen im Zusammenhang stehenden elektrischen Anlagen außerhalb der Gebäude. Im Abschnitt 5.2.5 ist u.a. aufgeführt, dass aus Gründen der Verfügbarkeit und der Vermeidung einer Überlastung einem vierpoligen Fehlerstrom-Schutzschalter (RCCB) maximal sechs einphasige Endstromkreise zuzuordnen sind. Auf die Sinnhaftigkeit dieser Einschränkung möchte ich hier nicht näher eingehen. Die DIN 18015-1 enthält jedoch keine Anforderungen zum Überstromschutz von Fehlerstrom-Schutzeinrichtungen (RCDs).

Kurzschlussschutz und Schutz gegen thermische Überlastung von RCCBs

Der Oberbegriff „Fehlerstrom-Schutzeinrichtungen (RCDs)“ kennzeichnet eine Gruppe von Schaltgeräten, die bei Forderung der Schutzmaßnahme „Automatische Abschaltung der Stromversorgung“ verwendet werden dürfen. Hierzu zählen auch Fehlerstrom-Schutzschalter ohne eingebauten Überstromschutz (RCCBs nach Produktnorm DIN EN 61008-1). Diese müssen bezüglich Kurzschluss und thermischer Überlastung geschützt werden. Dazu sind die Anforderungen einschlägiger Errichtungsbestimmungen (aus der Reihe VDE 0100) sowie die Hinweise des Herstellers in Form von Aufschriften und weiteren Produktinformationen (Bedienungsanleitung, Katalog usw.) zu beachten.

Ein wichtiger Parameter des FI-Schutzschalters ist sein Bemessungsstrom I_n. Dieser kann ununterbrochen geführt werden. Wird er hingegen dauerhaft überschritten, kann eine gefährliche Überhitzung auftreten. Der FI-Schutzschalter ist mit dem Wert seines Bemessungsstroms In beschriftet.

Eine wichtige Angabe des Herstellers ist der Wert der Kurzschluss-Schutzeinrichtung (SCPD). In der Regel sind FI-Schutzschalter mit diesem Wert beschriftet. Der Wert für eine solche Vorsicherung dient nur zum Schutz des FI-Schutzschalters bei Kurzschluss und nicht zum Schutz bei thermischer Überlastung.

Zudem ist eine weitere wichtige Angabe des Herstellers zu beachten. Es ist der Wert für eine Überstrom-Schutzeinrichtung gegen thermische Überlastung (OCPD). FI-Schutzschalter sind in der Regel nicht mit diesem Wert beschriftet. Stattdessen müssen dazu Angaben (Wert und Art der Überstrom-Schutzeinrichtung) im Herstellerkatalog oder in der Bedienungsanleitung vorhanden sein. Der Wert dieser Sicherung entspricht bei FI-Schutzschaltern mit kleinen bis mittleren Bemessungsströmen oft auch dem Wert seines Bemessungsstromes In und ist meist niedriger als der Wert der vorzusehenden Kurschluss-Vorsicherung (SCPD). An dieser Stelle sei auch auf die Abschnitte 8.3 und 8.4 des Beiblattes DIN EN 61008-1 Beiblatt 1 (Anwendungshinweise zum Einsatz von RCCB nach DIN EN 61008-1) verwiesen.

Bemessungsbelastungs-, Gleichzeitigkeits- und Nutzungsfaktor

Nach VDE 0100-100 Abschnitt 311 dürfen für eine wirtschaftliche und zuverlässige Planung der elektrischen Anlage Gleichzeitigkeitsfaktoren berücksichtigt werden. Es wird davon ausgegangen, dass nicht alle angeschlossenen Betriebsmittel gleichzeitig mit maximaler Leistung betrieben werden. Gleichzeitigkeitsfaktoren sind wesentlich von der Betriebsweise (Nutzungsbedingungen) einer elektrischen Anlage abhängig. Weitere Informationen zu den Begriffen „Gleichzeitigkeitsfaktor“, „Nutzungsfaktor“ und „Bemessungsbelastungsfaktor“ sind u. a. in VDE 0100-100 Abschnitte 133.2.4 und 311, DIN VDE 0100-510 Abschnitt 512.1.4 sowie DIN VDE 0660-600-1 Abschnitt 5.4 und Anhang E aufgeführt. Abschnitt 536.4.3.2 von DIN VDE 0100-530 führt auf, dass der auszuwählende Bemessungsstrom eines Fehlerstrom-Schutzschalters (RCCB) auch auf dem Gleichzeitigkeitsfaktor der nachgeschalteten Stromkreise basieren darf, wobei der Bemessungsstrom der Überstrom-Schutzeinrichtung (OCPD) entsprechend den Herstelleranweisungen ausgewählt werden muss.

Prinzipiell spricht somit nichts dagegen, aufgrund von ermittelten Faktoren dem FI-Schutzschalter mehrere Stromkreise nachzuschalten und jeden Stromkreis mit einer geeigneten Überstrom-Schutzeinrichtung wie z. B. Leitungsschutzschalter (MCBs) zu schützen. Wenn jedoch aufgrund von möglichen bzw. unvorhersehbaren Nutzungsänderungen nicht ausgeschlossen werden kann, dass der Bemessungsstrom I_{n} des FI-Schutzschalters unzulässig überschritten wird, dann muss der FI-Schutzschalter mit der vom Hersteller angegebenen Vorsicherung gegen thermische Überlastung zusätzlich geschützt werden. Diese Vorsicherung übernimmt in der Regel dann auch gleichzeitig die Funktion der geforderten Kurzschluss-Vorsicherung.

Bei der Planung ist zu beachten, dass der thermische Auslösestrom von Leitungsschutzschaltern im ungünstigsten Fall maximal das 1,45-fache seines Bemessungsstromes betragen kann und dass dieser Strom maximal 1 h fließen darf, bis eine Abschaltung erfolgt (siehe auch DIN VDE 0100-430 Abschnitt 433.1). Eine Schmelzsicherung der Betriebsklasse gG kann im ungünstigsten

Fall sogar das 1,6-fache ihres Bemessungsstromes für maximal 1 h führen, bevor sie anspricht.

Beispiel aus der Praxis

In Ihrem Beispiel führen Sie auf, dass einem vierpoligen FI-Schutzschalter mit einem Bemessungsstrom I_n von 40 A jedem Außenleiterpol jeweils zwei Leitungsschutzschalter mit einem Bemessungsstrom von 16 A nachgeschaltet sind. Ich nehme an, dass es sich hierbei um handelsübliche B16-A-Leitungsschutzschalter handelt. Bei Leitungsschutzschaltern mit B-Charakteristik beträgt der thermische Auslösestrom I_2 maximal das 1,45-fache seines Bemessungsstromes. Daraus folgt, dass für maximal eine Stunde ein Gesamtstrom von $2 \cdot 16\ \text{A} \cdot 1{,}45 = 46{,}4\ \text{A}$ fließen kann (ungünstigster Fall mit Überlastung der Leitungen). Nun ist die Herstellerangabe bezüglich einer geeigneten Überstrom-Schutzeinrichtung (OCPD) pro Außenleiterpol zu beachten. Gibt der Hersteller hierzu beispielsweise bei Verwendung einer Schmelzsicherung der Betriebsklasse gG einen Wert von 40 A an, so besteht in diesem Fall keine Gefahr der thermischen Überlastung des FI-Schutzschalters. Bei dieser Schmelzsicherung beträgt der maximale thermische Auslösestrom I_2 das 1,6-fache des Bemessungsstromes. Hier ist also berücksichtigt, dass die Schmelzsicherung im ungünstigsten Fall für maximal eine Stunde einen Wert von $40\ \text{A} \cdot 1{,}6 = 64\ \text{A}$ führen kann. Somit darf für die maximale Dauer von 1 h ein Strom von 64 A pro Außenleiterpol durch den FI-Schutzschalter fließen.

Weitere vorgeschaltete Überstrom-Schutzeinrichtungen (OCPDs) sind nicht erforderlich, denn in diesem Fall übernehmen die nachgeschalteten Leitungsschutzschalter B16 A neben dem Leitungsschutz auch den thermischen Schutz für den FI-Schutzschalter und können auch die Funktion der geforderten Kurzschluss-Vorsicherung (SCPD) übernehmen. Dazu sind die Anforderungen in der DIN VDE 0100-430 Abschnitte 433.2 und 434.2 zu beachten, z.B. eine erd- und kurzschlusssichere Verlegung oder eine maximale Leitungslänge 3 m. Das sollte in Ihrem Fall bei Montage der Schutzeinrichtungen auf einer gemeinsamen Hutschiene gegeben sein.

Wenn Sie im obigen Fall jedoch jedem Außenleiterpol fünf Stromkreise nachschalten würden, die jeweils mit einem Leitungsschutzschalter B16A geschützt sind, könnte es problematisch werden – muss aber nicht. Es wäre denkbar, dass alle Stromkreise gleichzeitig einen Strom von 16 A (hier ohne Überlastung) führen. Der Gesamtstrom würde dann 80 A betragen.

Zur Realisierung des Schutzes gegen thermische Überlastung des FI-Schutzschalters gibt es nun einige Möglichkeiten. Wenn ausgeschlossen werden kann, dass alle fünf nachgeschalteten Stromkreise gleichzeitig einen Strom von 16 A führen und zulässige Gleichzeitigkeitsfaktoren berücksichtigt werden, so kann wiederum eine thermische Überlastung des FI-Schutzschalters ausgeschlossen werden. Eine vorgeschaltete Überstrom-Schutzeinrichtung wäre nicht erforderlich.

Ist jedoch nicht sichergestellt, dass bei einer solchen Dimensionierung in Verbindung mit unerwarteten Nutzungsänderungen ein thermischer Schutz des FI-Schutzschalters gegeben ist bzw. wenn Gleichzeitigkeitsfaktoren nicht berücksichtigt werden können, dann muss eine zusätzliche vom Hersteller empfohlene Überstrom-Schutzeinrichtung vorgeschaltet werden. Dies könnte z. B. eine NH-Sicherung oder ein SLS-Schalter sein.

Fazit

Bei der in Ihrem Beispiel genannten Konstellation übernehmen die Leitungsschutzschalter sowohl den vorgesehenen Leitungsschutz als auch den Überlast- und Kurzschlussschutz für den Fehlerstrom-Schutzschalter. Für eine wirtschaftliche und zuverlässige Planung einer elektrischen Anlage dürfen Gleichzeitigkeitsfaktoren berücksichtigt werden. Einem Fehlerstrom-Schutzschalter (RCCB) können dann mehrere einzeln geschützte Stromkreise nachgeschaltet werden, auch wenn bei einer Aufsummierung der Werte aller nachgeschalteten Überstrom-Schutzeinrichtungen der Wert des Bemessungsstromes I_n des FI-Schutzschalters überschritten wird.

Es muss jedoch immer sichergestellt sein, dass eine thermische Überlastung eines FI-Schutzschalters ausgeschlossen ist. Der tatsächlich fließende Gesamtstrom darf den Wert seines Bemessungsstroms I_n nicht dauerhaft überschreiten. Kann diese Bedingung beispielsweise aufgrund von Nutzungsänderungen nicht sichergestellt werden, dann muss zusätzlich zu einer vorgeschalteten Kurzschluss-Schutzeinrichtung (SCPD) eine vom Hersteller empfohlene Vorsicherung gegen thermische Überlastung (OCPD) vorgesehen werden. Diese verhindert eine Überhitzung des FI-Schutzschalters und kann meist auch die Aufgabe der Kurzschluss-Schutzeinrichtung (SCPD) mit übernehmen.

Quellen:
DIN 18015-1, DIN EN 61008-1, VDE 0100-100, DIN VDE 0100-510, DIN VDE 0100-430

Lust auf Austausch zu diesem Thema? Über diesen QR-Code kommen Sie direkt in den elektro.net-Kommentarbereich dieses Praxisproblems. Dort finden Sie zusätzliche Informationen und können sich mit anderen austauschen.

20 Abnahmeprüfung für Einfamilienhaus?

? **Praxisfrage von *F. R.* (Baden-Württemberg) | 29.09.2023**

Es geht um ein neu errichtetes Einfamilienhaus und die Frage nach einer verpflichtenden Abnahme der elektrischen Anlage nach DIN VDE 0100-600. Wir haben auch auf Nachfrage vom Errichter kein Messprotokoll erhalten, weshalb ich davon ausgehe, dass eine Prüfung nie stattgefunden hat. Wie ist die rechtliche Lage? Woraus ergibt sich eine gesetzliche Pflicht die Anlage fachgerecht abzunehmen und womit kann ich den Errichter dazu „zwingen", seinen Pflichten nachzukommen?
F. R., Baden-Württemberg

! **Expertenantwort von *Martin Griesbeck* und *Hartmut Hardt* | 15.02.2024**

Hinweis: Vor der Beantwortung muss darauf hingewiesen werden, dass nachstehend keine Rechtsberatung erfolgt und der dargestellte Sachverhalt nur auf der Ebene einer allgemeingültigen Betrachtung erörtert wird.

Errichter müssen prüfen

Als Errichter einer elektrischen Anlage sollte das Ziel nicht nur sein, dass diese betriebsbereit, sondern auch für Mensch, Sachwert und Nutztier elektrisch sicher sind. In den letzten Jahren hat sich die Einstellung zum Prüfen schon gebessert und neben einer Verteilerlegende und einem Schaltplan gibt es doch mal ein Prüfprotokoll. Wie man aber bei Ihrer Anfrage sieht, ist es dennoch noch nicht bei allen Errichtern angekommen, dass geprüft werden muss, was leider die gängige Praxis darstellt.

Was sagt der Gesetzgeber?

Die gesetzliche Grundlage der Regelung für das Errichten und Betreiben elektrischer Anlagen ist im Gesetz über die Elektrizitäts- und Gasversorgung (Energiewirtschaftsgesetz – EnWG) verankert. Nach § 49 (1) EnWG sind Energieanlagen so zu errichten und zu betreiben, dass die technische Sicherheit gewährleistet ist. Dabei sind vorbehaltlich sonstiger Rechtsvorschriften die allgemein anerkannten Regeln der Technik zu beachten. In § 49 (2) EnWG wird eindeutig Bezug auf die Bestimmungen des Verbandes der Elektrotechnik Elektronik Informationstechnik e. V. (VDE) genommen, womit die VDE-Bestimmungen im Rahmen der allgemein anerkannten Regeln der Technik quasi-rechtsverbindlichen Gesetzescharakter erhalten.

Juristisch betrachtet gilt: Wenn eine Person bei der Ausführung ihrer technischen Aufgaben und Verantwortlichkeiten den „allgemein anerkannten Regeln der Technik" (a.a.R.d.T.) folgt, entsteht der rechtliche Anschein, dass sie korrekt gehandelt hat und daher nicht schuldhaft handelte. Erst wenn ihr ein fahrlässiges – also schuldhaftes – Handeln nachgewiesen wird, würde dies relevant.

Im Gegensatz dazu wird bei einer von den allgemein anerkannten Regeln der Technik abweichenden Person vermutet, dass ihr Handeln nicht korrekt und somit schuldhaft war. In einem Schadensfall muss diese Person insbesondere nachweisen, dass sie auf alternative Weise die gleiche Sicherheit gewährleisten konnte und somit nicht schuldhaft handelte. Dies stellt rechtlich die sogenannte „Umkehr der Beweislast" dar.

Mit der gesetzlichen Verankerung wird ebenfalls – wie bereits zuvor erläutert – eine rechtliche Grundlage für die strafrechtliche Verfolgung bei Zuwiderhandlung gegen die allgemein anerkannten Regeln der Technik durch den Gesetzgeber geschaffen. Die VDE-Bestimmungen treffen Festlegungen für das Errichten und Betreiben elektrischer Anlagen, einschließlich der zugehörigen elektrischen Betriebsmittel. Sie stellt sicher, dass weder Menschen, Nutztiere noch Sachwerte gefährdet werden.

Was sagt das Regelwerk?

In verschiedensten Regelwerken wird gefordert, dass eine Prüfung vor Erstinbetriebnahme durchzuführen ist. In diesem Fall kommt die DIN VDE 0100-600:2017-06 zum Tragen. Schauen wir doch mal in den Anwendungsbereich der DIN VDE 0100-600:2017-06: *„(...) enthält Anforderungen an die Erstprüfung* *elektrischer Anlagen durch Besichtigen, Erproben und Messen (…) Die Erstprüfung wird nach Fertigstellung einer neuen Anlage oder einer Erweiterung oder Änderung einer bestehenden Anlage durchgeführt.“*

Neben den Anforderungen, welche Prüfschritte während der Besichtigung, Erprobung und Messung durchzuführen sind, sollte jedes Protokoll folgende Inhalte – welche im Nationalen Anhang NA der VDE 0100-600:2017-06 gefordert sind – mindestens beinhalten:

- Name und Anschrift des Auftraggebers,
- Name und Anschrift des Auftragnehmers,
- Bezeichnung der einzelnen Prüfprotokolle für die Dokumentation von Messwerten (optional auch die Protokoll-Nr.),
- Bezeichnung des Objekts, z. B. Anlage, Gebäude, Gebäudeteile, Verteiler, Stromkreise,
- aus der Dokumentation müssen die geprüften Stromkreise mit deren Bezeichnungen und die zugehörigen Schutzeinrichtungen ersichtlich sein,
- verwendete Mess- und Prüfgeräte,
- Bewertung der Prüfung,
- Prüfstelle, Prüfer, Prüfdatum, Unterschrift.

Leider wird in der Praxis häufig nur die E-Check-Plakette geklebt und damit ist für den Errichter der elektrischen Anlage alles erledigt.

Fazit

Jeder Errichter einer elektrischen Anlage ist verpflichtet, einen Nachweis gemäß den Mindestanforderungen der einschlägigen Regelwerke in angemessener Form zu erstellen. Nur so kann überzeugend nachgewiesen werden, dass die errichtete Anlage sicher ist. Daher ist es für Fachbetriebe unerlässlich, einen Prüfbericht zu erstellen, der den Vorgaben der Regelwerke entspricht. Bei Versäumnis dieser Pflicht können im Ernstfall erhebliche Konsequenzen für den Errichter der elektrischen Anlage eintreten. Zuletzt noch der Hinweis, dass der Fachbetrieb in der Handwerksrolle eingetragen sein muss und vom Netzbetreiber im aktuellen Installateurverzeichnis geführt wird.

Ob der Prüfbericht dem Hauseigentümer ausgehändigt werden muss, kann an dieser Stelle nicht abschließend beurteilt werden. Eine rechtliche Bewertung sollte in enger Zusammenarbeit zwischen einem Juristen und einem Sachverständigen im Bereich Elektrotechnik erfolgen. Hierbei sind die vertraglichen Details zwischen dem Auftraggeber und dem Auftragnehmer zu berücksichtigen.

Quellen:
DIN VDE 0100-600, EnWG

Lust auf Austausch zu diesem Thema? Über diesen QR-Code kommen Sie direkt in den elektro.net-Kommentarbereich dieses Praxisproblems. Dort finden Sie zusätzliche Informationen und können sich mit anderen austauschen.

21 RCD-Anlagenschutz im TT-System

? **Praxifrage von *C. M.* (Bayern) | 04.11.2024**

Im TT-Netz ist es erforderlich, im Endstromkreis eine RCD zu installieren, um die Abschaltzeiten von 200 ms einzuhalten. Wie verhält es sich jedoch im Verteilerstromkreis? Hier sollte der Fehler innerhalb von 1 s abgeschaltet werden. Da ich dies bei einem Erdungswiderstand von 10 Ω nicht erreichen kann, wäre es notwendig, den Verteilerstromkreis mit einer selektiven 300-mA-RCD abzusichern. In der Praxis habe ich eine solche Lösung bisher jedoch noch nicht gesehen.

! **Expertenantwort von *Werner Hörmann* | 05.11.2024**

Abschaltzeiten in Hauptstromversorgungssystemen

Zu Ihrer Aussage der „(...) Abschaltzeiten von 200 ms (...)" gilt, dass die 200 ms nach Abschnitt 411.3.2.2 von DIN VDE 0100-410:2018-10 nicht allgemein gefordert werden. Diese Forderung gilt nur für folgende Endstromkreise: *„Die in Tabelle 41.1 angegebenen maximalen Abschaltzeiten müssen angewendet werden für Endstromkreise mit einem Nennstrom nicht größer als*

- *63 A mit einer oder mehreren Steckdosen, und*
- *32 A, die ausschließlich fest angeschlossene elektrische Verbrauchsmittel versorgen".*

Für Verteilungsstromkreise gilt nach DIN VDE 0100-410, wie Sie auch ausgeführt haben, aber Folgendes: *„In TT-Systemen ist eine Abschaltzeit nicht länger als 1 s für Verteilungsstromkreise und für nicht unter 411.3.2.2 fallende Stromkreise erlaubt."*

Somit ergibt sich aber auch, aufgrund der Forderung nach einer Abschaltzeit von 1 s, dass der Schutz durch automatische Abschaltung im Stromkreis zwischen Zählerplatz und Wohnungsverteiler beim TT-Systemen eigentlich nur durch eine Fehlerstrom-Schutzeinrichtung (RCD) erreicht werden kann.

In der grau schattierten nationalen Festlegung gibt es zwar Alternativen, wann von der Abschaltzeit 1 s abgewichen werden darf, Zitat: *„Abweichend von den Abschaltzeiten nach 411.3.2 ist es in Verteilungsnetzen, die als Freileitungen oder als im Erdreich verlegte Kabel ausgeführt sind, sowie in Hauptstromversorgungssystemen nach DIN 18015-1 mit der Schutzmaßnahme ‚Doppelte oder verstärkte Isolierung' nach 412 ausreichend, wenn am Anfang des zu schützenden Leitungsabschnittes eine Überstrom-Schutzeinrichtung vorhanden ist und wenn im Fehlerfall mindestens der Strom zum Fließen kommt, der eine Auslösung der Schutzeinrichtung unter den in der Norm für die Überstrom-Schutzeinrichtung für den Überlastbereich festgelegten Bedingungen (großer Prüfstrom) bewirkt."*

Bei den Stromkreisen vom Zählerplatz zu den Verteilern handelt es sich weder um

- eine Freileitung,
- ein in der Erde verlegtes Kabel oder
- ein Hauptstromversorgungssystem.

Ich möchte darauf hinweisen, dass nach Abschnitt 6.3 von DIN 18015-1 ganz bestimmte Anlagenteile als Hauptstromversorgungssysteme gelten. Konkret werden hier die Hauptleitungen und Betriebsmittel hinter der Übergabestelle (Hausanschlusskasten) des Verteilungsnetzbetreibers (VNB) genannt, die nicht gemessene elektrische Energie führen.

Daraus muss geschlossen werden, dass die Verteilungsstromkreise bis zu den Verteilern nicht von der Erleichterung betroffen sind. Somit bleibt die automatische Abschaltung in maximal 1 s – auch wenn es schmerzt – gefordert. Allerdings gibt es seit einiger Zeit eine geänderte Situation: Am 11.1.2021 wurde auf der DKE-Homepage eine Verlautbarung mit dem Titel „Schutz gegen elektrischen Schlag durch automatische Abschaltung der Stromversorgung" veröffentlicht, siehe: https://bit.ly/4fu0qu4

In dieser Verlautbarung sind mögliche Vorgehensweisen für Verteilungsstromkreise aufgeführt:

„Abweichend von den Abschaltzeiten nach 411.3.2 darf für

- *Verteilungsstromkreise, die Bestandteil eines Hauptstromversorgungssystems nach DIN 18015-1 sind, sowie*
- *Verteilungsstromkreise, die an einer Unterverteilung enden,*

die Schutzmaßnahme ‚Doppelte oder verstärkte Isolierung' nach 412 angewendet werden, wenn am Anfang des zu schützenden Leitungsabschnittes eine Überstrom-Schutzeinrichtung vorhanden ist, und wenn im Fehlerfall mindestens der Strom zum Fließen kommt, der eine Auslösung der Schutzeinrichtung unter den in der Gerätebestimmung für den Überlastbereich festgelegten Bedingungen (großer Prüfstrom) bewirkt.

Wenn im TT-System der Verteilungsstromkreis zwischen Zähler und Unterverteilung nicht kurz- und erdschlusssicher ausgeführt wird, kann der Schutz dieses Stromkreises durch den Einsatz einer Fehlerstrom-Schutzeinrichtung (RCD) sichergestellt werden.

Diese Schutzmaßnahme darf in den aufgeführten Verteilungsstromkreisen nicht angewendet werden, wenn davon auszugehen ist, dass ein Anwender ohne Berechtigung gemäß NAV §13 Betriebsmittel oder Teile von Betriebsmitteln der Schutzklasse II durch solche der Schutzklasse I ersetzen kann und damit die Wirksamkeit dieser Maßnahme aufgehoben wird."

Interpretation der Verlautbarung

Der letzte Satz sollte sich eigentlich auf die Schutzmaßnahme doppelte oder verstärkte Isolierung beziehen und nicht auf den zweiten Absatz des vorstehenden Zitats, der mit *„Wenn im TT-System (...)"* beginnt. Zur zurückgezogenen DIN VDE 0100-410 :2007-06 gab es schon mal eine entsprechende Verlautbarung, die diesbezüglich folgende eindeutige Festlegungen enthielt: *„Der in 412.1.2 geforderte Nachweis effektiver Maßnahmen durch z.B. wirksame Überwachung für Stromkreise oder Teile der elektrischen Anlage im normalen Betrieb ist mit den oben genannten Voraussetzungen erfüllt. Automatisches Abschalten kann aus anderen Gründen, z.B. zum Schutz gegen thermische Auswirkungen oder zum Schutz bei Überstrom, notwendig sein."*

Fazit

Nach der derzeitigen Verlautbarung müssen Sie nun leider selbst entscheiden, ob diese Vorgaben bei Ihren Anlagen erfüllt sind bzw. erfüllt werden können. Für normale Wohnungsinstallationen möchte ich dies – zumindest aus meiner persönlichen Sicht – mit „Ja" beantworten.
Beim Einsatz einer RCD im Zählerplatz bzw. Zählerschrank für den „Verteilungsstromkreis" ist eine selektive RCD nach DIN EN 61008-2-1 (VDE 0664-11), DIN EN 61009-2-1 (VDE 0664-21) oder DIN EN 60947-2 (VDE 0660-101) auszuwählen. Diese muss ein Verhältnis des Nennfehlerstroms zwischen vor- und nachgeschalteter RCD von mindestens 3:1 aufweisen.

Quellen:
DIN VDE 0100-410, DIN 18015-1, NAV, DKE-Homepage

Lust auf Austausch zu diesem Thema? Über diesen QR-Code kommen Sie direkt in den elektro.net-Kommentarbereich dieses Praxisproblems. Dort finden Sie zusätzliche Informationen und können sich mit anderen austauschen.

22 Geräteprüfung in Elektrofachbetrieb nach DGUV V3?

? **Praxisfrage von *M. P.* (Bayern) | 02.08.2024**

Müssen die Geräte eines Elektrofachbetriebs nach DGUV Vorschrift 3 geprüft werden? Muss der Elektrofachbetrieb die Geräte mit einem vollständigen Prüfbericht nach DGUV V3 prüfen oder gibt es hier eine Ausnahme?

! **Expertenantwort von *Michael Wulf* | 10.09.2024**

Zuordnung relevanter Vorschriften

Davon ausgehend, dass es sich bei den in der Anfrage erwähnten Geräten um ortsveränderliche elektrische Arbeits- bzw. Betriebsmittel handelt, sind im Kontext der Fragestellung im Wesentlichen die Betriebssicherheitsverordnung (BetrSichV) sowie die DGUV Vorschrift 3 heranzuziehen. Der staatliche Arbeitsschutz verwendet die Begriffe „Arbeitgeber“ und „Arbeitsmittel“. Im Bereich der DGUV werden hierzu die Begriffe Unternehmer und Betriebsmittel genutzt. In dieser Antwort sind die Begriffe gleichgesetzt zu betrachten.
Zudem nehme ich an, dass die Anfrage auf die wiederkehrenden Prüfungen der Geräte eines Elektrofachbetriebs abzielt, z. B. die eines in die Handwerksrolle eingetragenen Elektroinstallationsbetriebs. Die Themen „Prüfung vor der ersten Inbetriebnahme und nach einer Änderung oder Instandsetzung vor der Wiederinbetriebnahme“ sind nicht Bestandteil der nachfolgenden Ausführungen. Ebenso wird nicht auf die Thematiken der Prüffristenermittlung sowie der Befähigung der Prüfperson eingegangen.

Staatlicher Arbeitsschutz und Unfallversicherungsträger

In Deutschland ansässige Unternehmen haben sich grundsätzlich an die Vorgaben des staatlichen Arbeitsschutzes wie bspw. denen des Arbeitsschutzgesetzes (ArbSchG) und der Betriebssicherheits-

verordnung (BetrSichV) zu halten. Dies gilt selbstredend auch für Elektrofachbetriebe. Berufsgenossenschaften sind die Träger der gesetzlichen Unfallversicherung für die Unternehmen der deutschen Privatwirtschaft und deren Beschäftige. Die gewerblichen Berufsgenossenschaften sind für alle Betriebe, Einrichtungen und Freiberufler zuständig, soweit sich nicht eine Zuständigkeit der landwirtschaftlichen Berufsgenossenschaften oder der Unfallversicherungsträger der öffentlichen Hand ergibt.
Der genannte Elektrofachbetrieb wird höchstwahrscheinlich Mitglied der „Berufsgenossenschaft Energie Textil Elektro Medienerzeugnisse (BG ETEM)“ sein, welche die DGUV Vorschrift 3 auch für ihren Zuständigkeitsbereich erlassen hat. Daher findet diese grundsätzlich Anwendung.

Geräte sind Arbeits- oder Betriebsmittel im Sinne der Regelwerke

Die BetrSichV definiert Arbeitsmittel im § 2 „Begriffsbestimmungen“ Abs. 1 als Werkzeuge, Geräte, Maschinen oder Anlagen, die für die Arbeit verwendet werden, sowie überwachungsbedürftige Anlagen. Im Abs. 2 wird dann erläutert, dass die Verwendung von Arbeitsmitteln jegliche Tätigkeit mit diesen umfasst. Hierzu gehören insbesondere das Montieren und Installieren, Bedienen, An- oder Abschalten oder Einstellen, Gebrauchen, Betreiben, Instandhalten, Reinigen, Prüfen, Umbauen, Erproben, Demontieren, Transportieren und Überwachen.
Die DGUV Vorschrift 3 beschreibt im § 1 „Geltungsbereich“ Folgendes: *„(1) Diese Unfallverhütungsvorschrift gilt für elektrische Anlagen und Betriebsmittel“.* Im § 2 „Begriffe“ werden elektrische Betriebsmittel wie folgt definiert: *„Alle Gegenstände, die als Ganzes oder in einzelnen Teilen dem Anwenden elektrischer Energie (z. B. Gegenstände zum Erzeugen, Fortleiten, Verteilen, Speichern, Messen, Umsetzen und Verbrauchen) oder dem Übertragen, Verteilen und Verarbeiten von Informationen (z. B. Gegenstände der Fernmelde- und Informationstechnik) dienen. Den elektrischen Betriebsmitteln werden gleichgesetzt Schutz- und Hilfsmittel, soweit an diese Anforderungen hinsichtlich der elektrischen Sicherheit gestellt werden. Elektrische Anlagen werden durch Zusammenschluss elektrischer Betriebsmittel gebildet.“*

Die vorstehenden Erläuterungen machen deutlich, dass die Geräte eines Elektrofachbetriebs wie bspw. Leitungsroller, Bohrmaschinen, Monitore, Ladegeräte usw. mit den Begriffsdefinitionen der BetrSichV bzw. der DGUV in Einklang gebracht werden können und die genannten Regelwerke entsprechend Beachtung finden müssen.

Prüfpflicht für Arbeits- und Betriebsmittel

Die BetrSichV fordert im § 14 „Prüfung von Arbeitsmitteln", dass der Arbeitgeber Arbeitsmittel, die Schäden verursachenden Einflüssen ausgesetzt sind, welche zu Gefährdungen der Beschäftigten führen können, wiederkehrend von einer zur Prüfung befähigten Person prüfen lässt. In der DGUV Vorschrift 3 wird im § 5 „Prüfungen" angeführt, dass der Unternehmer dafür zu sorgen hat, dass die elektrischen Anlagen und Betriebsmittel u. a. in bestimmten Zeitabständen auf ihren ordnungsgemäßen Zustand geprüft werden.
Die Prüfungen selbst erfolgen nach normativen Vorgaben. Für die Arbeits- und Betriebsmittel in dieser Anfrage ist die VDE 0702 „Wiederholungsprüfung für elektrische Geräte" heranzuziehen. Im Abs. 1 „Anwendungsbereich" wird beschrieben, dass diese Norm die Anforderungen an die Prüfverfahren festlegt, die anlässlich einer wiederkehrenden Prüfung elektrischer Verbrauchsmittel und Geräte zur Überprüfung der Wirksamkeit der Schutzmaßnahmen auf Einhaltung der zulässigen Grenzwerte anzuwenden sind. Kurzum; Arbeits- und Betriebsmittel eines Elektrofachbetriebs müssen regelmäßig wiederkehrenden Prüfungen nach der VDE 0702 unterzogen werden.

Dokumentation der wiederkehrenden Prüfungen

Die BetrSichV wird im § 14 „Prüfung von Arbeitsmitteln" Abs. 7 bereits recht konkret hinsichtlich der Anforderungen an die Dokumentation. Dort heißt es, dass der Arbeitgeber dafür zu sorgen hat, dass das Ergebnis der Prüfung aufgezeichnet und mindestens bis zur nächsten Prüfung aufbewahrt wird. Die Aufzeichnungen müssen mindestens Auskunft über die Art der Prüfung, den Prüfumfang, das Ergebnis der Prüfung sowie den Namen und die Unterschrift der zur Prüfung befähigten Person enthalten.

In der DGUV Vorschrift 3 heißt es zu diesem Thema lediglich, dass auf Verlangen der Berufsgenossenschaft ein Prüfbuch mit bestimmten Eintragungen zu führen ist. Die DGUV Information 203-070 „Wiederkehrende Prüfungen ortsveränderliche Elektrischer Arbeitsmittel“ (siehe Abs. 3.7 „Dokumentation der Prüfungen“), ebenso wie die DGUV Information 203-071 „Wiederkehrende Prüfungen elektrischer Anlagen und Betriebsmittel“ (siehe Abs. 8 „Dokumentation und Kennzeichnung“) und auch die VDE 0702 (siehe Abs. 6 „Dokumentation und Bewertung der Prüfung“) stellen hingegen bedeutend höhere und genauere Anforderungen an die Dokumentation. Inhaltlich sind die geforderten Informationen weitestgehend identisch und umfassen

- die eindeutige Identifikation des Betriebsmittels,
- Datum und Umfang der Prüfung,
- angewendete Messverfahren,
- Messwerte und Prüfergebnis,
- Prüffrist,
- die Namen der Prüfperson und/oder des Prüfteams,
- verwendete Prüf- und/oder Messgeräte
- sowie die Unterschrift der Prüfperson.

Es ist eindeutig erkennbar, dass für die wiederkehrend geprüften Arbeits- und Betriebsmittel des Elektrofachbetriebs normkonforme Prüfprotokolle anzufertigen sind.

Fazit

Es ist grundsätzlich davon auszugehen, dass es sich bei dem vom Anfragenden erwähnten Elektrofachbetrieb um einen Arbeitgeber/Unternehmer handelt, welcher mit seinen Arbeits-/Betriebsmitteln in den Geltungsbereich der BetrSichV bzw. der DGUV Vorschrift 3 fällt. Dieser Annahme folgend gibt es keine Ausnahmen hinsichtlich der erforderlichen wiederkehrenden Prüfungen der eigenen Geräte und den Anforderungen an die Dokumentation.

Quellen:

DGUV Vorschrift 3, DGUV Information 203-070, DGUV Information 203-071, DIN EN 50699 (VDE 0702)

Lust auf Austausch zu diesem Thema? Über diesen QR-Code kommen Sie direkt in den elektro.net-Kommentarbereich dieses Praxisproblems. Dort finden Sie zusätzliche Informationen und können sich mit anderen austauschen.

23 RCD-Einsatz im Kontext einer Notstromversorgung

? **Praxisfrage von *J. B.* (Thüringen) | 29.10.2024**

Vor einiger Zeit sollte ich in einem Einfamilienhaus ein Klimagerät anschließen. Das Objekt befindet sich im Gebiet der EVB-Netze GmbH, in welchem die Netzform TT betrieben wird. Die Anlage beinhaltet eine Photovoltaikanlage mit Speicher, welcher eine komplette Notstromversorgung bei Netzausfall für mehrere Stunden garantiert. Das Klimagerät hat drei Innengeräte und ein Außengerät, welche ich verkabelte und die Anschlüsse herstellte. Als Absicherung wurde von mir ein FI-Schutzschalter (RCD) mit einem Auslösestrom von 0,3 A und einem Nennstrom von 40 A sowie ein LS-Schalter B20 A verwendet. Dies wurde in die Sicherungsverteilung im 1.OG integriert. Die Elektroanlage des Hauses wurde zu einem Zeitpunkt errichtet, als noch RCD mit einem Auslösestrom bis 0,3 A zulässig waren, um auch Schuko-Steckdosen abzusichern. Aus diesem Grund wurden in den Unterverteilungen des Hauses nur für die Badezimmer RCD mit einem Auslösestrom bis 0,03 A verbaut.

Beim Einbau der Notstromversorgung (Batteriespeicher der Firma E3/DC), wurde die Hauptstromversorgung des Hauses, nach dem Zähler mit einer RCD Typ B mit 0,3 A Auslösestrom und 40 A Nennstrom versehen (**Bild 23.1**). Von dort geht es mit einer Leitung 5 x 16 mm^2 direkt zur Steuereinheit der Notstromversorgung. Von hier aus wird durch ein Abgangskabel mit demselben Querschnitt die Versorgung des Hauses gewährleistet, so dass bei einem Netzausfall innerhalb von ca. 10 s eine Umschaltung durch die Steuereinheit auf Notstrom erfolgt.

Nun zu meinem Problem: Bei der Messung der RCD für das Klimagerät fiel mir auf, dass es keine Selektivität zwischen der RCD Typ B, welche als Haupt-RCD funktioniert, und den jeweiligen RCDs den Unterverteilungen gibt. Das gilt auch für die neu eingebaute RCD für das Klimagerät.

Jetzt habe ich in einem Artikel gelesen, dass es keine Pflicht oder Vorschrift zur Einhaltung einer Selektivität zwischen RCDs gibt.

Aber ist es wirklich normenkonform, dass im Fehlerfall (Körperschluss oder ähnliches) nach der Abschaltung der Haupt-RCD wieder eine automatische Einschaltung über die Notstromversorgung erfolgt und erst dann der jeweilige FI-Schutzschalter auslöst? Nach einem Anruf bei E3/DC wurde mir versichert, dass alles den gültigen Normen entspricht. Als Anlage habe ich einen stark vereinfachten Stromlaufplan (**Bild 23.1**) beigefügt.

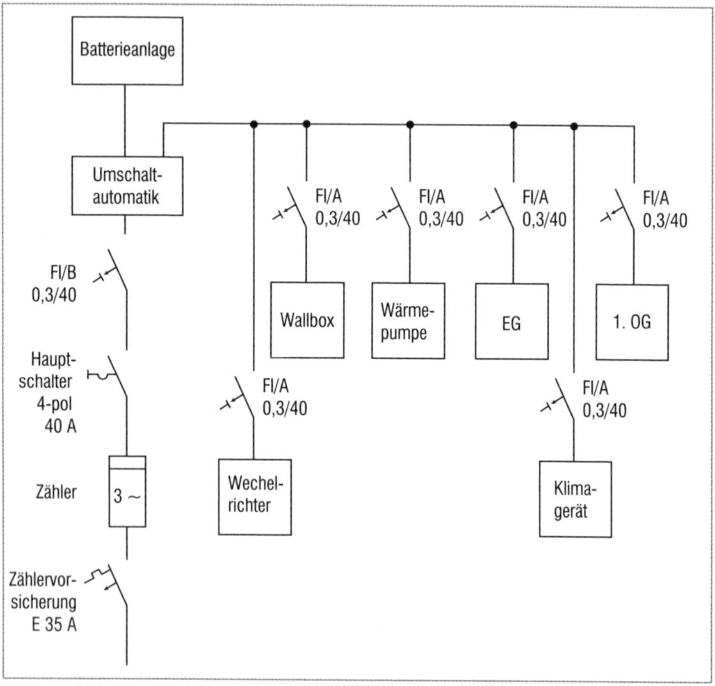

Bild 23.1 Mögliche Fehlerströme in Systemen mit Halbleitern – Stromkreise mit sehr wahrscheinlichen Fehlerströmen in Verbindung mit Halbleiterbauteilen

Hinweis der Redaktion: Im gesamten Beitrag – auch in den Zitaten aus der Norm – sind, der besseren Lesbarkeit wegen, die zusätzlichen Bezeichnungen zu den RCDs als „Fehlerstrom-Schutzeinrichtung/en“ entfernt worden.

! Expertenantwort von *Werner Hörmann* | 14.11.2024

Es gibt zwar keine zwingende Forderung, aber ...

Formal hat der Anbieter E3/DC nicht ganz unrecht, da es in den Normen der Reihe DIN VDE 0100 keine zwingende Forderung nach Selektivität von RCDs untereinander gibt. Im Abschnitt 536.4.1.4 von DIN VDE 0100-530:2018-06 ist hierzu Folgendes festgelegt:

„Ist Selektivität gefordert (...) muss der Nachweis erfolgen durch:

- *eine theoretische Ermittlung unter Berücksichtigung der relevanten Produktnorm und der Herstellerunterlagen oder*
- *geeignete Software, wobei die Informationen vom Hersteller für diesen Zweck bereitgestellt werden oder*
- *Prüfungen entsprechend der anzuwendenden Produktnorm (zur Sicherstellung des korrekten Prüfverfahrens und der Reproduzierbarkeit) oder Herstellerangaben.*

Im Allgemeinen geben Hersteller die Daten zur Bestimmung der Selektivität zwischen RCDs an."

Die Betonung liegt dabei auf *„Ist Selektivität gefordert ...".* Das große ABER ergibt sich seit 2009 durch die inzwischen ungültige DIN VDE 0100-300:1996-01 (Übergangsfrist bis Dezember 2000), wo schon im Abschnitt 314 dieser Norm folgendes festgelegt war: *„Jede Anlage muss, soweit erforderlich, in mehrere Stromkreise aufgeteilt werden, um*

- *Gefahren zu vermeiden und die Folgen von Fehlern zu begrenzen,*
- *die sichere Kontrolle, Prüfung und Instandhaltung zu erleichtern (siehe Kapitel 46),*
- *die Gefahren zu berücksichtigen, die durch einen Fehler in nur einem Stromkreis entstehen können, z. B. in einem Beleuchtungsstromkreis.*

Getrennte Verteilungsstromkreise müssen für die Teile der Anlage vorgesehen werden, die deshalb getrennt betrieben werden müssen, damit diese Stromkreise nicht durch den Ausfall anderer Stromkreise beeinflusst werden."

Durch das „muss, soweit erforderlich“ wurde dies aber immer wieder ignoriert, d.h. man ging davon aus, dass es eben nicht erforderlich/notwendig ist, Selektivität zu erreichen.

Auch der Abschnitt 314 der Folgenorm, der DIN VDE 0100-100:2009-06, enthält diesbezüglich wieder keine zwingende Forderung nach Selektivität, sondern nur diese analogen Festlegungen: *„Jede Anlage muss, soweit erforderlich, in mehrere Stromkreise aufgeteilt werden, um*

- *Gefahren zu vermeiden und die Folgen von Fehlern möglichst klein zu halten,*
- *die sichere Besichtigung, Prüfung und Instandhaltung zu erleichtern (siehe auch DIN VDE 0100-530,*
- *die Gefahr zu berücksichtigen, die durch einen Fehler in einem einzelnen Stromkreis entstehen kann, z. B. Ausfall eines Beleuchtungsstromkreises,*
- *die Möglichkeit einer ungewünschten Auslösung von RCDs aufgrund hoher Schutzleiterströme, die nicht durch Fehler verursacht sind, zu reduzieren,*
- *die Wirkungen von elektromagnetischen Störungen zu reduzieren,*
- *die indirekte Aktivierung eines Stromkreises, der sicher getrennt sein soll, zu vermeiden.“*

Ungeachtet dessen, dass es normativ keine zwingende Forderung gibt, hat man sich inzwischen jedoch allgemein durchgerungen, wegen der angeführten „Verfügbarkeit“, mindestens zwei getrennte RCDs in der elektrischen Anlage vorzusehen. Und, soweit eine übergeordnete RCD in Reihe mit weiteren RCDs erforderlich sein kann (z. B. im TT-System), ist für diese übergeordnete RCD eine selektive RCD auszuwählen. Sinnvollerweise würde man heute gleich für jeden Stromkreis einen FI/LS vorsehen, um damit die höchstmögliche Verfügbarkeit der elektrischen Anlage zu erreichen.

Auch wenn die von Ihnen beschriebene elektrische Anlage vor dem Inkrafttreten der oben angeführten Normen errichtet wurde, ergibt sich aus meiner Sicht die Notwendigkeit, dass bei der Erweiterung durch PV-Anlage und durch Klimagräte usw. für die bei der Erweiterung nachgerüstete, übergeordnete RCD eine selektive RCD zu errichten wäre. Damit wäre auch das von Ihnen angeführte Problem gelöst, aber Sie sollten meine nachfolgenden Abschnitte beachten.

Weitere Betrachtungen

Auch wenn es zu den nachfolgenden Punkten keine Fragen Ihrerseits gab, so habe ich mich, aufgrund des beigefügten Schaltplanes, aufgefordert gefühlt, weitere Betrachtungen aufzustellen. Sinnvollerweise würde man die RCD vom Typ B dem Stromkreis/den Stromkreisen zuordnen, bei dem/denen im Fehlerfall „Gleichfehlerströme“ auftreten können Dazu müsste man für die im TT-System ggf. notwendige übergeordnete RCD eine selektive RCD auswählen/errichten. Wegen der möglichen Gleichfehlerströme in den Verbraucherabgängen muss aber hierfür eine RCD vom Typ B errichtet werden, auch wenn die betreffenden Verbraucherabgänge auch mit einer RCD vom Typ B ausgerüstet sind. Hinter dieser übergeordneten selektiven RCD vom Typ B sind dann für die „normalen“ Verbraucher einer oder mehrere RCDs vom Typ A zu errichten. Und für die Verbraucher, die Gleichfehlerströme erzeugen können, sind dann, wie bereits angeführt, RCDs vom Typ B vorzusehen. Durch die Errichtung nachgeschalteter RCDs werden eventuelle Fehlerströme selektiv abgeschaltet, und die Verfügbarkeit der restlichen elektrischen Anlage bleibt erhalten. Übrigens wird das Thema, RCD vom Typ A hinter einer RCD vom Typ B und umgekehrt zu errichten, derzeit ausgiebig in den zuständigen UKs diskutiert.

Normativ gib es derzeit keine Festlegungen/Einschränkungen hierzu. In DIN VDE 0100-530:2018-06 gibt es im informativen Anhang nur ein Bild (Bild A.2), aus dem man entnehmen kann, dass weder Typ A nach Typ B noch Typ B nach Typ A errichtet werden sollen. In der Praxis lassen sich, insbesondere in TT-Systemen, „Reihenschaltungen“ kaum verhindern, z. B. wenn ein Baustromverteiler mit einer RCD vom Typ B in eine Steckdose eingesteckt wird, dessen Stromkreis durch eine RCD vom Typ A geschützt ist.

Bemessungsdifferenzströme für die verbauten RCDs

Bezüglich der verbauten RCDs mit einem Bemessungsdifferenzstrom nicht größer als 300 mA gilt, dass diese, in den Stromkreis mit fest angeschlossenen Verbrauchern, z.B. die RCDs vom Typ A, für EG und 1.OG, weiterverwendet werden dürfen, sofern nicht auch in diesen Bereichen mit Gleichfehlerströmen gerechnet werden muss. Wobei auch hier wieder ggf. die Verfügbarkeit Berücksichtigung finden sollte.

Bezüglich der Steckdosen gilt, dass auch hierbei die RCDs mit einem Bemessungsdifferenzstrom nicht größer als 300 mA beibehalten werden dürfen, wenn zum Zeitpunkt der Errichtung keine solchen mit einem Bemessungsdifferenzstrom nicht größer als 30 mA gefordert waren. Siehe hierzu auch Abschnitt 3 der „Erläuterungen anlässlich der Veröffentlichung von DIN VDE 0100-420:2022-06“, der unter folgendem Link abrufbar ist:
https://bit.ly/4oBZUye

Abgang für den Wechselrichter der PV-Anlage

Im Abschnitt 712.531.3.101 von DIN VDE 0100-712:2016-10 ist hierzu festgelegt: *„Wenn eine RCD für den Schutz des PV-Wechselstrom-Versorgungsstromkreises verwendet wird, muss diese vom Typ B nach DIN EN 62423 (VDE 0664-40) oder DIN EN 60947-2 (VDE 0660-101) sein, es sei denn*

- *der Wechselrichter besitzt mindestens einfache Trennung zwischen der Wechselspannungs- und der Gleichspannungsseite oder*
- *die Anlage besitzt mindestens einfache Trennung zwischen dem Wechselrichter und der RCD durch einen Transformator mit getrennten Wicklungen oder*
- *der PV-Wechselrichter erfordert gemäß Bestätigung des PV-Wechselrichterherstellers keine RCD Typ B.“*

Ob ein Typ A oder Typ B erforderlich ist, hängt von der Ausführung des Wechselrichters ab; aber der Bemessungsdifferenzstrom nicht größer als 300 mA dürfte beibehalten werden, es sei denn, es gibt größere Schutzleiter- oder Ableitströme.

Abgang für die Wärmepumpe und das Klimagerät

Für diese Verbraucher ist zu vermuten, dass aufgrund der integrierten Frequenzumrichter Gleichfehlerströme auftreten können. Somit ergibt sich, dass für dies Abgänge auch RCDs vom Typ B zu errichten sind. Der Bemessungsdifferenzstrom nicht größer als 300 mA dürfte auch beibehalten werden.

Abgang für die Wallbox

Im Abschnitt 722.531.3.101 von DIN VDE 0100-722:2019-06 steht dazu: *„RCDs, die jeden Anschlusspunkt nach 722.411.3.3 schützen, müssen mindestens die Anforderungen einer RCD vom Typ A erfüllen sowie einen Bemessungsdifferenzstrom von ≤30 mA aufweisen.*

Wenn die EV-Ladestation mit einer Steckdose oder Fahrzeugkupplung nach der Normenreihe DIN EN 62196 (VDE 0623) ausgestattet ist, müssen Schutzvorkehrungen gegen Gleichfehlerströme vorgesehen werden, es sei denn, diese sind in die EV-Ladestation integriert. Geeignete Vorkehrungen für jeden Anschlusspunkt sind Folgende:

- *der Einsatz einer RCD vom Typ B oder*
- *der Einsatz einer (RCD) vom Typ A oder Typ F in Verbindung mit einer Fehlergleichstrom-Überwachungseinrichtung (RDC-DD) in Übereinstimmung mit DIN IEC 62955 (VDE 0666-20).“*

Notstrombetrieb

Zu Batteriespeicher und Notstrombetrieb kann ich leider wegen fehlender näherer Informationen nichts beitragen, wobei ich davon ausgehe, dass diesbezüglich keine Probleme vorhanden sind. Entsprechendes gilt auch für die Auswahl der Überstrom-Schutzeinrichtungen und der Leitungsquerschnitte.

Quellen:

Normen der Reihe DIN VDE 0100, ungültige DIN VDE 0100-300:1996-01, DIN VDE 0100-100, DIN VDE 0100-530, DIN VDE 0100-712, DIN VDE 0100-722

Lust auf Austausch zu diesem Thema? Über diesen QR-Code kommen Sie direkt in den elektro.net-Kommentarbereich dieses Praxisproblems. Dort finden Sie zusätzliche Informationen und können sich mit anderen austauschen.

24 Steckdosen ohne PE-Anschluss und -Kontakt

? **Praxisfrage von *M. B.* (Berlin) | 28.05.2024**

Eine Hausverwaltung hat mich gebeten, bei einer Mieterin eine defekte Steckdose zu tauschen. Vor Ort fand ich eine runde Dreier-Kombination vor, die halb versenkt war, allerdings ohne einen Schutzleiterkontakt. Im Rest der Wohnung sah es nicht anders aus. Ich habe der Hausverwaltung mitgeteilt, dass das so nicht geht und empfohlen, der Mieterin von der Verwendung von Geräten mit Schutzklasse I abzuraten.
Wie geht man damit um? Eigentlich müsste die gesamte Anlage erneuert werden. Ein Bestandsschutz greift hier wohl nicht.

! **Expertenantwort von *Werner Hörmann* | 25.06.2024**

Bestandsschutz bleibt schwieriges Thema

Das Thema „Bestandsschutz“ ist immer wieder ein Problem, insbesondere weil es den Begriff „Bestandsschutz“ in den Normen der Reihe DIN VDE 0100 nicht gibt. Aber es gibt auch keine Forderung, ältere elektrische Anlagen/Anlagenteile, die zum Zeitpunkt ihrer Errichtung den damals gültigen Normen entsprachen, an neuere Normen anzupassen. Siehe hierzu auch folgenden Hinweis zur Norm: „Erläuterungen anlässlich der Veröffentlichung von DIN VDE 0100-420:2022-06“. Sie können sich diese Veröffentlichung unter diesem Link herunterladen:
https://bit.ly/4oBZUye
Im Dokument dürfte insbesondere der Abschnitt 3 dieser Erläuterungen für Sie von Bedeutung sein.
Eine Anpassung ist auch dann nicht gefordert, wenn es um das Auswechseln von beispielsweise Kabeln/Leitungen, Zähleranlagen, Verteilern und anderen elektrischen Betriebsmitteln geht. Es besteht normativ keine Forderung, die vorhandene elektrische Anlage vollständig an neuere Normen anzupassen. Auch beim

Hinzufügen neuer Stromkreise ist eine Umrüstung oder Anpassung der vorhandenen elektrischen Anlage nicht gefordert. In wenigen Fällen kann eine Anpassung notwendig sein, die nur zu bestimmten Teilen ausgeführt wird.
Das alles unter dem Vorbehalt, dass von der vorhandenen elektrischen Anlage (z. B. weil sich die elektrische Anlage in einem desolaten Zustand befindet) keine Gefahr für den Menschen ausgeht.

Zu Ihrem Vorschlag

Ihren Vorschlag, dass der Mieter keine Betriebsmittel/Verbrauchsmittel der Schutzklasse I verwenden darf, halte ich leider für nicht realistisch, da sich der Mieter kaum daran halten wird. So wie Sie das Problem schildern, könnte es sich um eine elektrische Anlage handeln, die vor 1973 errichtet wurde und bei der der Schutz durch „nicht leitfähige Räume" zur Anwendung kam. Für solche Räume gab es eine Anpassungsverpflichtung im § 6 von DIN VDE 0100:1973-05 (siehe **Kasten**).

Errichten von Starkstromanlagen bis 1.000 V
(Auszug aus § 6 von DIN VDE 0100:1973-05)

- *1.2 bei Erweiterungen bestehender Anlagen in Räumen, in denen nach früheren Bestimmungen keine Schutzmaßnahmen erforderlich waren, nach § 6a) 1.1 jedoch jetzt verlangt werden, Anmerkung: Bei dieser Erweiterung müssen für die bestehenden Anlagen in diesen Räumen nachträgliche Schutzmaßnahmen angewendet werden.*
- *1.3 bei bestehenden Anlagen in Räumen, die ursprünglich a) 2.2.2 zuzuordnen waren, die aber durch nachträglichen Einbau von zufällig berührbaren, mit Erde in Verbindung stehenden Einrichtungen wie Wasser-, Gas oder Heizungsanlagen ihre früher isolierende Beschaffenheit verloren haben.*

Des Weiteren gab es für die Beitrittsgebiete (neue Bundesländer und Teile Berlins) im Beiblatt 2 zu DIN VDE 0100:1992-10 auch folgende Anpassungsverpflichtung: *„(...) Zur Sicherstellung eines* *einheitlichen Sicherheitsniveaus im vereinten Deutschland werden folgende Anpassungen in den angegebenen Fristen vom DKE-Komitee 221 für das Beitrittsgebiet gefordert:*

a) Hausinstallationen in Räumen mit isolierendem Fußboden,

- *in denen sich ursprünglich keine zufällig berührbaren, mit Erde in Verbindung stehenden Einrichtungen befanden,*
- *die jedoch in der Vergangenheit durch nachträglichen Einbau von zufällig berührbaren, mit Erde in Verbindung stehenden Einrichtungen, wie Wasser-, Gas- oder Heizungsanlagen, ihre frühere isolierende Beschaffenheit verloren haben, müssen unverzüglich mit einem Schutz bei indirektem Berühren nachgerüstet werden.*

Als vorübergehende provisorische Verbesserung des Schutzes wird bis zu einer nächsten Änderung der Anlage oder der Modernisierung oder Renovierung des Gebäudes / der Wohnung / des Wohnraumes der Einsatz von RCD (Fehlerstrom-Schutzeinrichtungen/Differenzstrom-Schutzeinrichtungen) mit einem Nennfehlerstrom/Nenndifferenzstrom von höchstens 30 mA im Zweileitersystem ohne Verlegung eines Schutzleiters zur Erfüllung der Anpassungsforderung zugelassen.

Als Termin für das Ende der provisorischen Verbesserung des Schutzes gilt der Zeitpunkt der zuerst vorkommenden Maßnahme (Änderung ... / Modernisierung ... / Renovierung ...), spätestens jedoch bis 1. März 2002. (Ursprüngliche Anpassungsforderung: VDE 0100/05.73, § 6a) 1.3).

Überspannungs-Schutzeinrichtungen (SPDs) müssen so nah wie möglich am Speisepunkt der elektrischen Anlage errichtet werden. Zum Schutz bei indirekten Blitzeinwirkungen und bei Schaltüberspannungen müssen mindestens Überspannungs-Schutzeinrichtungen (SPDs) Typ 2 verwendet werden.“

Ungeachtet dessen, wo die elektrische Anlage errichtet wurde, hätte eine Anpassung, d.h. das Anwenden einer „Schutzleiterschutzmaßnahme“ vorgenommen werden müssen, wenn mit Erde in Verbindung stehenden leitfähige Teile in die Räume eingebracht wurden.

Hat sich aber an den Raumverhältnissen nichts geändert, d.h. wenn keine leitfähigen mit Erde in Verbindung stehenden Teile eingebracht wurden (was ich mir kaum vorstellen kann), dürften formal die Steckdosen ohne Schutzkontakt beibehalten werden. In diesem Falle dürften aber keinesfalls die vorhandenen Steckdosen gegen solche mit Schutzkontakt getauscht werden.

Was kann getan werden?

Hierzu hatte ich bereits eine Lösung vorgeschlagen, die aber nur anwendbar ist, wenn die Versorgung der elektrischen Anlage zum Zeitpunkt der Errichtung „nullungsfähig" war. Dann wäre es möglich, den zweiten Leiter, der dann als „Nullleiter" (entspricht in etwa dem heutigen PEN-Leiter) betrachtet werden kann, mit dem Schutzkontakt der neuen Steckdosen zu verbinden und dann eine Brücke zum Neutralleiterkontakt auszuführen. Das würde auch alle festangeschlossenen Betriebs- oder Verbrauchsmittel der Schutzklasse I betreffen. In diesem „zweiten" Leiter dürfen sich aber keine Überstrom-Schutzeinrichtungen oder Schalteinrichtungen befinden.

Fazit

Ich sehe es als unbedingt notwendig an, dass für diesen Fall die elektrische Anlage unverzüglich an neuere Normen angepasst wird. Ganz sicher wird es einen Elektroherd der Schutzklasse I geben, der nicht einfach außer Betrieb genommen werden kann. Sollte ein Gasherd vorhanden sein, dann wird das leitfähige Gasrohr ein Potential einführen können und somit die Raumverhältnisse nachteilig beeinflussen.

Quellen:
Normen der Reihe DIN VDE 0100, zurückgezogene/ungültige DIN VDE 0100:1973-05 und zurückgezogenes Beiblatt 2 zu DIN VDE 0100:1992-10

Lust auf Austausch zu diesem Thema? Über diesen QR-Code kommen Sie direkt in den elektro.net-Kommentarbereich dieses Praxisproblems. Dort finden Sie zusätzliche Informationen und können sich mit anderen austauschen.

25 Aluminiumgestell einer Beschattungsanlage

?

Praxisfrage von *H. G.* (Baden-Württemberg) | 27.10.2023

Ein Beschattungsgestell aus Aluminium, in dem elektrische Antriebe montiert sind, ist nicht in die „Schutzmaßnahme Erdung" eingebunden. Weiterhin ist es von der Montagefirma mit einem vieradrigen Gummikabel ohne grün-gelben Schutzleiter angeschlossen. Entspricht das noch der Norm?

!

Expertenantwort von *Reinhard Soboll* | 05.12.2023

Zur Beantwortung setze ich voraus, dass weder ein eigenes Fundament für die Beschattungsanlage erstellt wurde noch eine separate Einspeisung durch den Netzbetreiber erforderlich ist. Es handelt sich also um einen üblichen, nachträglich errichteten Sonnenschutz auf oder an einem Gebäude ohne Blitzschutzsystem. Falls dies nicht der Fall ist, wären zusätzliche Informationen für den tatsächlichen Aufbau erforderlich. Ansonsten gelten unter anderem die oben genannten VDE-Bestimmungen.

Schutzmaßnahmen und Erdung

Ausgehend von den in Deutschland üblichen Netzsystemen – TN- oder TT-System – sind die Schutzmaßnahmen gemäß DIN VDE 0100-410 zu beachten. Die Schutzmaßnahme „Erdung" gibt es unter dieser Bezeichnung dort nicht. Üblicherweise wird die Schutzmaßnahme „Automatische Abschaltung der Stromversorgung" angewendet. Eine Erdung wird nicht zwingend erforderlich. Allerdings müssen die mehradrigen Leitungen zu den Betriebsmitteln normgerecht bemessen und fachgerecht verlegt sein, siehe DIN VDE 0100-520. Zudem muss ein Schutzleiter in den Leitungen vorhanden sein. Das elektrische Betriebsmittel – hier der Antriebsmotor – wird über flexible Leitungen, z. B. H05 RN-F, angeschlossen und beinhaltet ebenfalls einen Schutzleiter.
Da sich die Anlage im Freien befindet, sind gemäß DIN VDE

0100-737 Mindestschutzarten einzuhalten. Geht man davon aus, dass die Betriebsmittel nicht direkt dem Regen ausgesetzt sind, wird hier die Mindestschutzart IP X1 gefordert. Entsprechend der DIN VDE 0100-410 sollten für den Außenbereich Steckdosen und Stromkreise für ortsveränderliche Betriebsmittel Fehlerstrom-Schutzeinrichtungen (RCD) mit einem Bemessungsdifferenzstrom ≤ 30 mA eingesetzt werden. Diese Beschreibung passt zwar nicht genau zu dem Einsatz im beschriebenen Fall, sollte nach meiner Meinung aber unbedingt realisiert werden. Eine zusätzliche Erdung ist nicht zwingend vorgeschrieben, stört aber auch nicht.

Vieradriges Gummikabel, keine blaue Ader für Neutralleiter

Grundsätzlich gilt DIN VDE 0100-510, Abs. 514.3.1.Z1. Hier wird beschrieben, dass Neutralleiter oder Mittelleiter über ihre gesamte Länge in der elektrischen Anlage durch die Farbe Blau gekennzeichnet sein müssen. Folgende Ausnahme erwähnt DIN VDE 0100-510, Abs. 514.3.Z2: *„Bei Kabeln/Leitungen und flexiblen Leitungen mit zwei bis fünf Adern, die in Hilfs- oder Steuerstromkreisen verwendet werden, die keinen blauen Leiter besitzen, darf einer der Leiter als Neutralleiter verwendet werden.“* Ich möchte darauf hinweisen, dass dieser Leiter an den Enden allerdings blau gekennzeichnet werden muss.

Fazit

Das eingangs beschriebene Gestell muss nicht zwingend geerdet werden. Es wird aber der Einsatz von Fehlerstrom-Schutzeinrichtungen (RCDs) eindringlich empfohlen. Der Neutralleiter muss in diesem Fall nicht über seinen ganzen Verlauf blau gekennzeichnet sein. Es genügt die Kennzeichnung an den Aderenden.

Quellen:
DIN VDE 0100-410, DIN VDE 0100-520, DIN VDE 0100-540, DIN VDE 0100-737

Lust auf Austausch zu diesem Thema? Über diesen QR-Code kommen Sie direkt in den elektro.net-Kommentarbereich dieses Praxisproblems. Dort finden Sie zusätzliche Informationen und können sich mit anderen austauschen.

Herausgeber und Autoren

Michael Muschong (Hrsg.)

Dipl.-Ing. (FH) *Michael Muschong* ist Fachredakteur des Magazins „de – das elektrohandwerk“. Als Fachmann betreut er die Rubrik „Praxisprobleme“ und leitet regelmäßig die seit 2014 von der Redaktion veranstalteten Diskussionsrunden der Praxisproblem-Autoren und Normenexperten.

Martin Griesbeck

Martin Griesbeck ist Elektroniker für Energie- und Gebäudetechnik. Als Praktiker im Bereich „Prüfen von Geräten“ hat er jahrelange Erfahrung. Neben seiner Tätigkeit als Sachverständiger und Fachdozent ist einer seiner Schwerpunkte, Prüfteams mit elektrotechnisch unterwiesenen Personen aufzubauen und zu betreuen.

Günter Grünebast

Günter Grünebast ist stellvertretender Entwicklungsleiter sowie verantwortlich für Normung und Prüfung bei der Firma Doepke Schaltgeräte, Norden.

Hartmut Hardt

Hartmut Hardt ist Rechtsanwalt mit fachlichen Schwerpunkten auf Betreiber-, Ordnungswidrigkeiten-, Haftungs- und Strafrecht.

Werner Hörmann

Werner Hörmann war viele Jahre als Projektant für Schaltanlagen und Steuerungen bei Siemens tätig. Bekannt ist er auch durch seine aktive Normungsarbeit in verschiedenen Komitees und Unterkomitees der DKE. Er ist zudem Verfasser zahlreicher Beiträge in der Fachzeitschrift „de“ sowie Autor diverser Fachbücher.

Markus Klar

Dipl.-Wirtsch.-Ing. (FH) *Markus Klar*, LL.M. ist Sicherheitsingenieur (Fachkraft für Arbeitssicherheit), Arbeitssystem-Organisator sowie Organisations-Referent nach REFA und Mitglied im VDE

e. V. Langjährig ehrenamtlicher Richter am Arbeitsgericht Gera, seit 2011 am Landesarbeitsgericht Thüringen.

Michael Lochthofen

Michael Lochthofen ist Meister des Elektrotechniker-Handwerks, war langjähriger Prüfer von Anlagen und Geräten und ist seit einigen Jahren Sachverständiger, Fachdozent für Elektrotechnik, VdS-anerkannter Sachkundiger im Bereich von EMV und Blitzschutz sowie Fachautor.

Dirk Maske

Dirk Maske ist Elektroinstallateur für die Gebäudeinstallation, Elektrotechnikermeister für Energie- und Gebäudetechnik und Betriebswirt des Handwerks. Seit einigen Jahren ist er im BFE Oldenburg im Bereich Normeninformationsdienst tätig. Mitarbeit in Normungsgremien im DIN NA Bau und in der DKE.

Reinhard Soboll

Reinhard Soboll arbeitete als Bereichsleiter „Seminare und Normenwissen“ am BFE Oldenburg. Er ist VdS-anerkannter Sachverständiger zum Prüfen elektrischer Anlagen sowie ö. b. u. v. Sachverständiger für elektrische Gebäudeinstallation/Leitungsnetze; Blitzschutz- und Erdungstechnik.

Hans-Josef Tonnellier

Hans-Josef Tonnellier arbeitet selbstständig als Gutachter und Dozent für Elektrotechnik. Von 1977 bis 2010 war er selbstständiger Elektro-Unternehmer, seit 1986 ist er öffentlich bestellter und vereidigter Sachverständiger der Handwerkskammer des Saarlandes im Elektrotechniker-Handwerk.

Michael Wulf

Michael Wulf ist BDSH-geprüfter Sachverständiger Elektrotechnik. Als Berater und externe Verantwortliche Elektrofachkraft ist er in verschiedenen Unternehmen tätig, zudem Dozent, Mitglied im Gremium VDI 4068 „Befähigte Personen“ und Autor von Fachbeiträgen.

Stichwortverzeichnis

A
Abnahmeprüfung 107
Abweichungserklärung 14
anerkannte Regeln der Technik 52
Anlagenveränderung 85
Arbeitsschutzgesetz 115

B
Bemessungsbelastungsfaktor 22, 103
Bemessungsdifferenzstrom 126
Bestandsbauten ohne Fundamenterder 51
Bestandsschutz 129
Betriebsmittel 116
Betriebssicherheitsverordnung 115
BG ETEM 116
Bürogebäude 54

D
DAkkS 83
DGUV Information 203-070 118
DGUV Information 203-071 118
DGUV Vorschrift 3 115
DIN 18014 52
DIN 18015-1 13, 17, 20, 101
DIN EN 50678 66
DIN EN 50699 66
DIN EN 60204-1 43
DIN EN 60728-11 52
DIN EN 60898-1 69
DIN EN 61008-1 12, 21, 102
DIN EN 61243-3 57
DIN EN 61558-2-6 39
DIN IEC/TS 60479-1 12
DIN VDE 0100-100 22, 124
DIN VDE 0100-410 12, 40, 77, 92, 111, 135
DIN VDE 0100-430 23, 32, 70, 104
DIN VDE 0100-510 136
DIN VDE 0100-520 34, 54, 135
DIN VDE 0100-530 33, 90, 125
DIN VDE 0100-557 45
DIN VDE 0100-600 12, 61, 108
DIN VDE 0100-705 78
DIN VDE 0100-712 126
DIN VDE 0100: 1973-05 38, 130
DIN VDE 0105-100 57, 61, 97
DIN VDE 0185-305 52
DIN VDE 0298 Teil 4 54
DIN VDE 0701-0702 26
Dokumentation der wiederkehrenden Prüfungen 117

E
E-Herd 17
Eichung 82
Einfamilienhaus 107, 121
Elektrofachkraft 62
ELV 38
E-Mobilität 13
Energiebegrenzungsklasse 69
Energiewirtschaftsgesetz 107
EN-Normen 58
Erdkabel 51
Erdung 43, 135
Erweiterung 85
extra low voltage 38

F
Fehlerschutz 77
Fehlerstrom-Schutzschalter 27, 101
Fehlerstrom-Schutzschalter ohne eingebauten Überstromschutz 102
FELV 42
Frequenzumrichter 75
functional extra low voltage 42
Fundamenterder 52

G
Geräteprüfung 115
Gleichzeitigkeitsfaktor 22, 103
Gruppen-RCD 101

H
Horizontalerder 53

K
Kabel 32
Kalibrierung 82
Kleinspannung 38
Klimagerät 127
Kreuzerder 51
Kreuzprofilerder 53
Kurschluss-Vorsicherung 102
Kurzschluss-Schutzeinrichtung 21, 102

L
Leitungsquerschnitt 14
Leitungsschutz 70
Leitungsschutzschalter 13, 21, 69, 103
Leitungstyp 51

M
MCB 22, 103
Messleitung 59
Mindestquerschnitte 52

N
Niederohmigkeit 59
Notstromversorgung 121
Nutzungsfaktor 22, 103

O
OCPD 22, 102

P
PELV 40, 41, 42
PELV-Brücke 45
Produktnorm 58
protective extra low voltage 40
Prüfbuch 118
Prüfpflicht für Arbeits- und Betriebsmittel 117

Q
Qualifikation eines Prüfers 61

R
RCCB 27, 101, 102
RCD 13, 17, 21, 59, 90, 101, 111
RCD-Anlagenschutz 111
RCD-Auslösezeiten 7
Rohbauwände 51

S
safety extra low voltage 38
SAT-Antennenanlage 51
Schutzklasse I 87
Schutzklasse II 87
Schutzkleinspannung 38
SCPD 21, 102
SELV 38, 41, 42
Spannungsprüfer 57
Staberder 53
Steckdose 129
Steuerstromkreis 43
Stichprobenprüfung 98

T
TRBS 1201 81
TRBS 1203 67

U
Überstrom-Schutzeinrichtung 22, 102
Umkehr der Beweislast 108
Unterverteiler 85

V
VDE 0105-100 57, 97
VDE 0113-1 43
VDE 0126-23-1 97
VDE 0126-23-2 97
VDE 0570-2-6 39
VDE 0664-10 12
VDE 0682-401 57
VDE 0701 66, 81
VDE 0702 66, 81
VDE 0855-1 52
VDE-AR-N 4105 7, 52, 53, 59, 78, 79
VDE V 0140-479-1 12
VDI 4068 Blatt 4 74
VdS-Zertifizierung 73
Vorsicherung 101

W
Wallbox 14, 127
Wärmepumpe 75, 127
Wiederholungsprüfung 97
Wohngebäude 13, 18, 54
Wohnung 87